CW01308712

ZEIT ONLINE

# Sonntagsessen

Für den schönsten Tag der Woche

# Inhalt

**Vorwort**   **4**

**Frühstück**   **6**

*Der perfekte Start in den Tag ist für jede und jeden ein anderer. Ein leckeres Frühstück ist aber am Sonntag in jedem Fall ein guter Anfang. Egal ob Bowl, Müsli, Toast oder Brot mit Aufstrich, hier gibt es kreative Ideen, wie der Sonntagmorgen zu etwas ganz Besonderem wird.*

**Brunch**   **36**

*In den Tag hineinleben ist ein Luxus, den man sich vor allem am Wochenende gönnen kann – und wie ginge das besser als mit einem ausgedehnten Brunch. Mit Pancakes, Milchreis, Bruschetta oder Shakshuka kann man nicht nur sich selbst, sondern auch seinen Lieben eine Freude machen. Warum also nicht mal die Freunde und Freundinnen zu einem Sonntagsbrunch einladen?*

**Mittagessen**   **66**

*Am Sonntag ist endlich Zeit für ein ausgedehntes Mittagessen. Festliche Rezepte für Knödel, Fleisch, Pasta und Gemüse in verschiedensten Variationen regen dazu an, sich in der Küche einmal richtig auszutoben und alle vorhandenen Gourmetregister zu ziehen.*

**Nachmittagskaffee**   **102**

*Die einen sprechen von Kaffeeklatsch, die anderen von Tea Time, wieder andere von einer süßen Auszeit. Fest steht: Zu einem perfekten Sonntag gehören eine Tasse Kaffee oder Tee und Kuchen, Tartes, Strudel oder Gebäck, die hier ganz unterschiedlich präsentiert werden.*

# INHALT

## Dinner 132

*Wie könnte der Sonntag besser ausklingen als mit einem liebevoll zubereiteten Abendessen? Ob mit der Familie, dem Partner, der Partnerin oder auch ganz für sich allein spielt dabei gar keine Rolle. Hauptsache, das Essen kommt mit Liebe auf den Tisch – und das geht mit Suppe oder Curry, Salat oder Quiche.*

## Dessert 164

*So süß kann der Sonntag sein. Als Abschluss eines festlichen Menüs oder auch als kleines Zuckerl für zwischendurch, diese Desserts sind zum Genießen gemacht und feiern unabhängig von der Tageszeit die süßen Seiten des Lebens. Ob Eis oder veganes Tiramisu, Panna Cotta oder Crème Brûlée – mehr braucht es nicht für ein Happy End.*

## Blogregister 190

## Rezeptregister 192

Vegetarisch  Vegan  Fisch  Fleisch/Gelatine

# Vorwort

Ein Blick auf die Spiegel-Bestsellerliste im Mai 2021, Unterkategorie Essen und Trinken: Auf den ersten zwanzig Plätzen taucht einmal das Thema breifrei auf, zweimal das Thema Grillen, zweimal Jamie Oliver und drei Mal der Salzzitronen-Papst Ottolenghi. Gleichauf mit ihm liegt Lutz Geißler. Zu schreiben begonnen hat der gelernte Geologe 2009, und zwar auf seinem Plötzblog. Heute ist er eine Sauerteiginstanz und Beweis dafür, dass viele Deutsche gern selbst Hand anlegen beim Weltkulturerbe Brot. Vom Foodblogger zum Bestsellerautor? Das Beispiel Geißler zeigt, dass das geht.

Im Dezember 2019 war Geißler beim Sonntagsessen dabei, mit einem Rezept für Dinkel-Franzbrötchen. Seit beinahe zehn Jahren gibt es diese Rubrik bei ZEIT ONLINE, als Ergänzung zu Elisabeth Raethers beliebter Rezeptkolumne Wochenmarkt. Die Idee war und ist, spannende Foodblogs aus aller Welt vorzustellen. Appetit machte schon der erste, am 29. Januar 2012 auf dem „Heiter bis glücklich"-Blog des ZEITmagazins erschienene Eintrag zu Smitten Kitchen: „Deb kocht in New York in ihrer winzigen Küche Rosenkohl mit Pancetta und legt Zuckerschoten in Essig ein." Damals noch kurz und knapp, ohne konkretes Menü. Nach 111 Folgen wurde daraus das Sonntagsessen in seiner heutigen Form, ein eigenständiger Artikel bei ZEIT ONLINE. Anstatt lediglich auf lesenswerte Blogs zu verlinken, stellten deren Betreiberinnen und Betreiber ein exklusives Menü zusammen. Mal handelte es sich um eine klassische Abfolge von Nachos über Neapolitanische Pizza bis Naked Cake, mal drehten sich die Rezepte um eine bestimmte Zutat wie Rote Bete. Oft standen auch einfach fünf köstliche Teller im Family Style auf dem digitalen Tisch, von denen sich alle Gäste gleichzeitig bedienen. So wie in der ersten Folge, einem griechischen Brunch mit Rezepten für Spargelsalat, knusprige Riesenbohnen und Sardinenkuchen (!). Deren Autorin war Inga Krieger, die heute übrigens gemeinsam mit ihrem Partner ein Restaurant in Berlin-Wedding betreibt.

Von ihr habe ich das Format 2016 übernommen. Über die Jahre gab es einige Veränderungen: So werden inzwischen nicht mehr alle fünf Rezepte eines Menüs ausformuliert, sondern nur noch eines, dafür mit exakten Mengenangaben, Arbeitszeit und -aufwand. Mehr noch als früher liegt der Fokus auf Saisonalität, spielen Themen wie Nachhaltigkeit und alternative Ernährungsformen, insbesondere Veganismus, eine Rolle. Und Diversität: Blogs mit türkischen, syrischen oder polnischen Rezepten kommen bei der Leserschaft stets gut an.

Viele der Blogs finde ich durch Instagram oder, ganz oldschool, die Googlesuche, andere aber auch durch einen persönlichen Kontakt. Mit Fabian Dietrich von About Fuel etwa habe ich mir in einem Berliner Hinterhof Apple Crumble geteilt. Aus manchen Kontakten haben sich Abendessenseinladungen in fremden Städten

# VORWORT

ergeben, aus anderen vegane Pizzadinner im Nachbarkiez. Mit einigen Bloggerinnen und Bloggern bin ich bis heute in Kontakt und verfolge staunend ihren Weg, so etwa bei Steffen Sinzinger von der Berliner Speisemeisterei, der 2020 einen veganen Lieferservice auf die Beine stellte, die tausend verschiedenen Projekte des Italocuisine-Papsts Claudio Del Principe oder jene der veganen Aktivistin Sophia Hoffmann, Autorin von mittlerweile vier Büchern, die einem möglicherweise hinter dem Tresen eines Berliner Kiezcafés begegnet.

Manchmal wundere ich mich selbst, dass mir nach all den Jahren nicht das Material ausgeht. Noch immer gründen sich neue digitale Rezeptsammlungen, immer öfter jedoch in Form von Instagram-Accounts statt Blogs. Nach längerer Überlegung haben die Redaktion und ich uns entschieden, auch diese beim Sonntagsessen zu berücksichtigen – zum Glück, wie das Beispiel von felicitas_kocht beweist.

Und die Welt bleibt nicht stehen. Insbesondere die Generation Z nutzt vermehrt TikTok, dessen lebendige Foodszene so manch etablierte Kritikerin in Staunen versetzt. In gerade mal sechzig Sekunden gehen jetzt schon ikonische Rezepte um die Welt, von Pizza Babka bis Baked Feta Pasta. Dabei sind viele dieser Rezepte weniger zum Nachkochen gedacht als zur Unterhaltung – anders, als das hoffentlich beim Sonntagsessen der Fall ist. Dafür sprechen die regen Diskussionen der ZEIT ONLINE-Leserinnen und -Leser unter den jeweiligen Beiträgen, denen falsche Mengenangaben ebenso wenig entgehen wie schwer erhältliche Zutaten. Dafür sprechen auch meine eigene Erfahrung und die vielen Rückmeldungen von Freundinnen und Bekannten, die begeistert erzählen, wie ihnen zum ersten Mal ein Spargelrisotto oder ein Seitanburger gelang. Ab und zu kommt das Missverständnis auf, ich sei die Urheberin der jeweiligen Rezepte. Um Himmels willen, nein! Zwar koche und backe ich recht gern, aber keinesfalls auf dem Niveau jener Bloggerinnen und Blogger, die das ZEIT ONLINE-Archiv mit so vielen köstlichen Rezepten füllen. Ideen für neue Gerichte entwickeln, sie kochen und fotografisch ins rechte Licht rücken, das ist so viel mehr als eine Sonntagsbeschäftigung, für manche sogar ein Vollzeitjob.

Das Sonntagsessen ist auch dazu da, diese Leistung zu würdigen. Dass es jetzt als Buch erscheint, empfinde ich als großes Glück – weil es immer schön ist, wenn die digitale in die analoge Welt hineinwirkt. Im besten Fall entsteht dann nicht nur Lesegenuss, sondern auch ein selbst gebackenes Dinkel-Franzbrötchen.

Eva Biringer
Autorin der Serie Sonntagsessen

# Frühstück

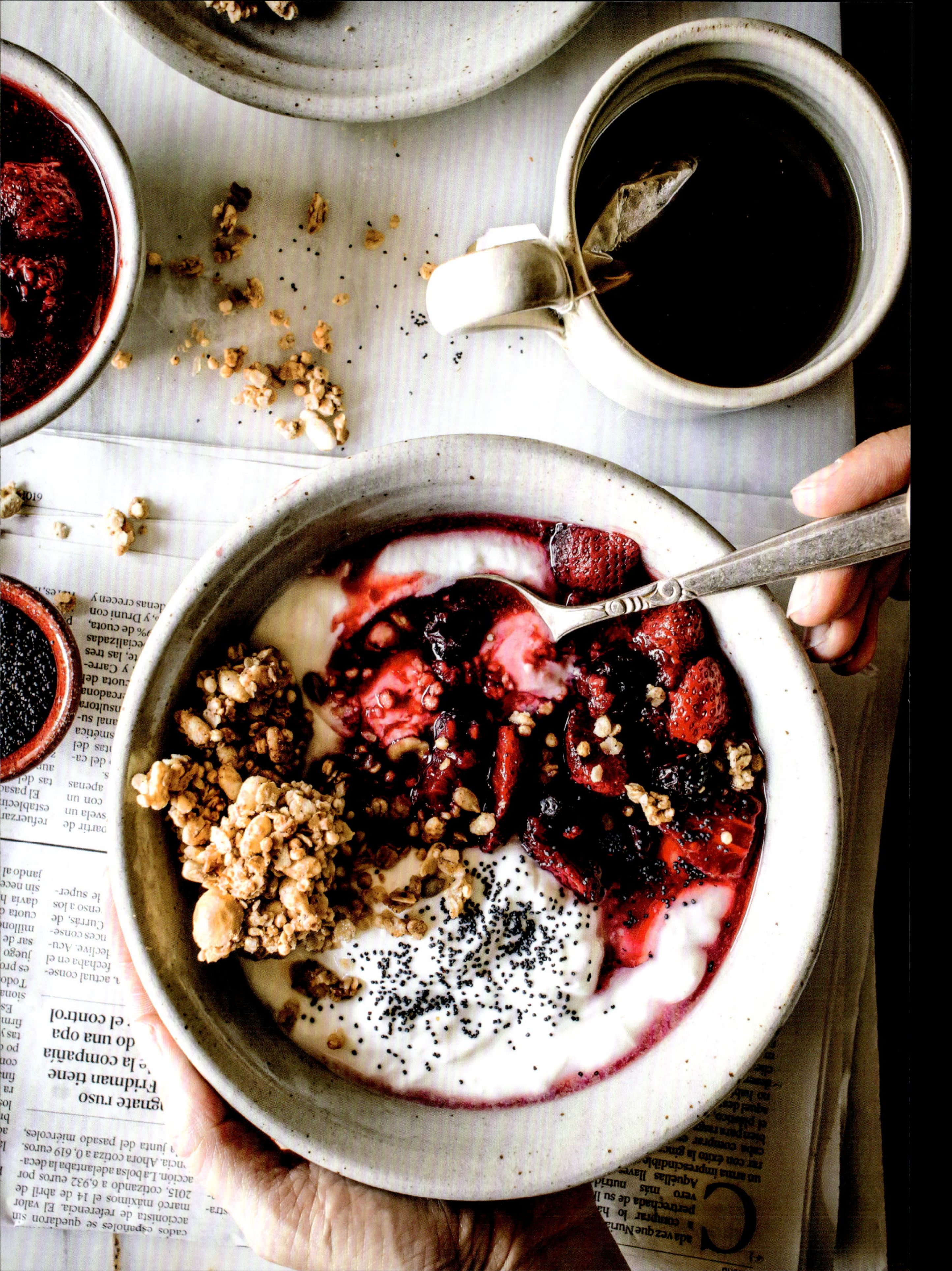

**Plötzblog**   *www.ploetzblog.de*

# Dinkel-Franzbrötchen

Ein Wort, mit dem Lutz Geißler sich selbst beschreibt? „Eigenbrötlerisch." In seiner Küche ist er am liebsten alleine mit dem Deutschlandfunk. Sein 2009 gegründeter Plötzblog ist eine Institution in Sachen Brotbacken. Er kennt sich mit Bauernlaiben genauso gut aus wie mit Bagels, Sandwiches oder Schrotbrot. Rund 1600 Bücher zum Thema hat er zu Hause, selbst veröffentlicht hat er bereits 13. Ursprünglich hat Geißler als Geologe sein Geld verdient. Im Hinblick auf seinen Status als Brotspezialist gibt es durchaus Parallelen. „Ich liebe Plunder- und Blätterteige, also Teige, in die feine Butterschichten eingezogen sind. Nicht nur aufgrund von Geschmack und Mundgefühl, sondern auch, weil mich die gebänderten, geblätterten Strukturen an jene von Gesteinen erinnern." Bei seinen Franzbrötchen setzt er auf Dinkel- statt Weizenmehl. Und er hat noch einen Tipp: „Ein gutes Brot zu backen ist, wie eine Liebe zu pflegen. Du musst dir Zeit nehmen."

**PORTIONEN:** 20 Stück | **ZUBEREITUNG:** am Backtag 9–11 Std., gesamt 14–23 Std.

## Zubereitung:

- Zucker und Salz in den Joghurt geben und unterrühren, bis sich beides aufgelöst hat. Die übrigen Zutaten bis auf die Butter dazugeben. 5 Minuten auf niedrigster Stufe und weitere 20 bis 25 Minuten auf zweiter Stufe mit der Küchenmaschine kneten (Achtung: Bei alten Sorten kann die Knetzeit auch nur wenige Minuten betragen). Die Butter in Stücken zugeben, weitere 5 Minuten auf zweiter Stufe kneten. Der Teig sollte sich vollständig vom Schüsselrand lösen und hauchdünn ausziehen lassen (Teigtemperatur etwa 24 °C). Den Teig 5 bis 12 Stunden bei 5 bis 8 °C ruhen lassen.

- In der Zwischenzeit die Butter zum Tourieren zwischen Backpapier auf etwa 20 × 20 cm ausrollen und bei 10 °C lagern. Den Teig auf der leicht bemehlten Arbeitsfläche auf etwa 30 × 30 cm ausrollen. Die Butterplatte um 45 Grad versetzt auf den Teig legen, die Teigecken auf die Butter klappen und andrücken. Die Butter muss vollständig von Teig umhüllt sein. Den Teig auf etwa 30 × 60 cm ausrollen, die Teigenden zur Mitte einschlagen, den Teig nochmals übereinanderfalten (die Butterschicht hat sich nun vervierfacht = „Doppeltour"). Wenn der Teig noch dehnbar genug ist, erneut auf das Maß ausrollen und wieder eine Doppeltour geben. Ansonsten den Teig für 10 bis 15 Minuten in Frischhaltefolie gewickelt im Kühlschrank lagern, danach ausrollen. Erneut in Frischhaltefolie wickeln und 30 Minuten im Kühlschrank lagern. Den tourierten Teig auf 30 × 60 cm ausrollen (etwa 4 mm dick), mit flüssiger Butter bestreichen. Kräftig Zimtzucker darüberstreuen und mit der Teigrolle andrücken.

- Den Teig über die lange Seite straff zu einem Strang aufrollen, in etwa 4 cm dicke Scheiben schneiden. Jede Scheibe mit der Nahtstelle nach oben mit einem Holzlöffelgriff o. Ä. tief eindrücken, sodass die Windungen der Schnecke herausgedrückt werden. Teigling umdrehen und so auf ein mit Backpapier ausgelegtes Blech setzen (pro Blech max. 5 Stück).

- Die Bleche abdecken, 8 bis 10 Stunden bei Zimmertemperatur ruhen lassen. Nach 3 Stunden die Teiglinge mit der Hand flach drücken, damit die Windungen besser nach oben zeigen. Das Volumen sollte sich bis zum Ende der Gärzeit mindestens verdoppeln.

- Backofen auf 220 °C vorheizen. Bleche nacheinander in den Ofen schieben, Temperatur auf 180 °C herunterschalten. Die Franzbrötchen 18 bis 20 Minuten backen. Nach dem Backen mit Läuterzucker bestreichen. Dafür 100 g Zucker in 100 ml kochendes Wasser rühren und abkühlen lassen.

FRÜHSTÜCK

## **Zutaten:**

100 g Zucker

18 g Salz

500 g Joghurt (3,8 % Fett)

1 kg Dinkelmehl (Type 630)

100 g Ei (etwa 2 Eier; Größe M)

20 g frische Hefe

150 g Butter

500 g Butter zum Tourieren

150 g flüssige Butter und 150 g Zimtzucker zum Füllen (nach Belieben auch mehr)

100 g Zucker (zum Bestreichen)

**Naturally Good**  *www.naturallygood.de*

# Overnight Oats mit Pflaumenkompott

Adaeze Wolfs Vater stammt aus Nigeria. Dort ist es üblich, herzhafte Eintöpfe mit Zimt zu verfeinern. Nicht nur verleiht dieser jedem Gericht eine aufregende Note, sondern funktioniert zudem als natürliches Süßmittel und regt den Stoffwechsel an. Mit ihrem Mann, zwei Kindern und einem Hund lebt Wolf in der Nähe von Heidelberg. Zu ihren Vorbildern zählen Sterneköche wie Tim Raue und Christian Jürgens ebenso wie ihre in einem nigerianischen Dorf lebende Tante. Nachdem sie einige Jahre im Marketing gearbeitet hatte, machte Wolf eine Ausbildung zur ganzheitlichen Ernährungsberaterin und gründete 2015 ihren Blog Naturally Good. Wie der Name schon sagt, achtet sie auf unverarbeitete Zutaten, die möglichst saisonal sein sollen. Zurück zum Zimt: Der passt auch gut zur mitteleuropäischen Herbstfrucht schlechthin, der Pflaume, die ursprünglich aus Asien nach Griechenland gelangte. Zusammen mit Reissirup wird daraus ein angenehm säuerliches Pflaumenkompott. Das wiederum macht sich gut in Overnight Oats, also über Nacht eingeweichten Flocken – Wolf schlägt als Alternative zu Hafer Buchweizen vor –, die am nächsten Morgen mit Naturjoghurt und Nüssen gemischt werden.

## Zubereitung:

- Die Buchweizen- oder Haferflocken mit Kürbis-, Sonnenblumen- sowie Cashewkernen, Chia- oder Leinsamen und Vanillepulver in eine Schüssel geben. Mit Pflanzendrink oder Wasser bedecken und über Nacht quellen lassen.

- Die Pflaumen waschen, entsteinen, vierteln und in einen Topf geben. Reissirup und Zimt dazugeben und 5 bis 6 Minuten bei mittlerer Hitze köcheln lassen.

- Die Müslimischung abwechselnd mit Naturjoghurt und Pflaumenkompott in zwei Gläser schichten. Nach Belieben mit Nüssen und weiteren Früchten garnieren.

**PORTIONEN:** 2 | **ZUBEREITUNG:** 10 Min., Quellzeit über Nacht

### Zutaten:

45 g Buchweizen- oder Haferflocken
1 EL Kürbiskerne
1 EL Sonnenblumenkerne
1 EL Cashewkerne
1 EL Chia- oder Leinsamen
½ TL Vanillepulver
250 ml Pflanzendrink oder Wasser
200 g Pflaumen
1 EL Reissirup
1 TL Zimtpulver
2 EL Naturjoghurt

FRÜHSTÜCK

**nutsandblueberries**  *www.nutsandblueberries.de*

# Grüne Smoothie-Bowl

„Wir sollten viel respektvoller mit Tieren umgehen." Für Janine Hegendorf ist eine vegetarische Ernährung kein Lifestyle-Accessoire, sondern eine Lebenseinstellung. Regelmäßig reist sie nach Afrika, wo sie eine Patenschaft für den Geparden Kiki übernommen hat. Sie engagiert sich bei Tierschutzorganisationen, spendet Geld für PETA und baut ihre Tierliebe auf die sinnvollste Art und Weise in ihren Alltag ein – indem sie auf Fleisch verzichtet. Das war nicht immer so. Aufgewachsen ist sie mit typisch deutscher Hausmannskost, viel Kartoffeln, viel Fleisch. Wovon sie sich heute ernährt, das postet sie auf ihrem Blog nutsandblueberries. Gemeinsam mit ihrem Mann und drei Katzen lebt sie in einem kleinen Dorf am Niederrhein, in einem Holzhaus mit Blick auf Wälder, Felder und einem eigenen Garten. Hegendorfs Freizeit ist geprägt von Yoga, Meditation und Spaziergängen. Sich für den Tierschutz zu engagieren hält sie für eine Pflicht, jedenfalls für sich selbst. Ausreden lässt sie nicht gelten. „Jeder kann doch einen kleinen Beitrag leisten. Vegetarische Gerichte gibt es überall. Selbst wenn ich zur Safari nach Afrika fahre, finde ich etwas Leckeres, obwohl die Küche dort sehr fleischlastig ist."

## Zubereitung:

- Den Mandeldrink mit Banane, Datteln und gewaschenen Spinatblättern in den Mixer geben und alles zu einem cremigen Smoothie pürieren.

- Den Smoothie in ein Schälchen geben, nach Belieben Kokosflocken, Heidelbeeren und Mandelmus daraufgeben.

**PORTIONEN:** 1 | **ZUBEREITUNG:** 10 Min.

## Zutaten:

250 ml Mandeldrink (oder einen anderen Pflanzendrink)
1 tiefgefrorene Banane
2 Datteln (entsteint)
1 Handvoll Spinatblätter
einige Löwenzahnblätter (optional)
Kokosflocken
frische Heidelbeeren
Mandelmus

FRÜHSTÜCK

**Madam Rote Rübe**  *www.madamroteruebe.de*

# Kartoffel-Vollkorn-Topfbrot mit Haferflocken

Lang vorbei sind die Zeiten, in denen Hafer für faden Frühstücksschleim stand. Heute sind Haferdrinks eine ernsthafte Alternative zu Kuhmilch und Porridge ist geradezu ein Internetstar. Kein Wunder, schließlich enthalten Haferflocken reichlich Eiweiß, ungesättigte Fettsäuren und Ballaststoffe, was sich positiv auf den Cholesterin- und Blutzuckerspiegel auswirkt. Abgesehen davon kommt das Sprichwort „den hat der Hafer gestochen" nicht von ungefähr: Hafer macht fit. Dem stimmt auch Sigrid Schimetzky, Betreiberin des Foodblogs Madam Rote Rübe, zu: „Er ist nicht nur gesund, sondern auch lange sättigend, leicht bekömmlich und ruckzuck zubereitet." Ihr Kartoffel-Vollkorn-Topfbrot mit Haferflocken ist der perfekte Start in einen energiegeladenen Sonntag. Schimetzky, gelernte Hauswirtschaftsmeisterin, heute Kochbuchautorin und Bloggerin, lebt in Altenkirchen, einem kleinen Dorf im westpfälzischen Kohlbachtal. Neben Spezialitäten wie salzige Dampfnudeln oder Pfälzer Schales spielt für sie aber vor allem die Vollwertküche eine zentrale Rolle. Auf die Frage nach ihrem Lieblingsessen antwortet sie allerdings mit etwas denkbar Einfachem: Haferbrei mit Apfelmus und einer Prise Zimt.

**PORTIONEN:** für 1 ofenfesten Topf (20 cm Ø und 12 cm Höhe)
**ZUBEREITUNG:** 14 Std. 30 Min.–15 Std., davon 3 Std. Stockgare, 10 Std. Stückgare, 1 Std. Backzeit

## Zubereitung:

- Die Pellkartoffeln schälen und fein reiben. Alle Zutaten für den Teig vermischen und mindestens 10 Minuten durchkneten. Je nach Feuchtigkeitsgehalt der Kartoffeln die Wassermenge anpassen. Es soll ein weicher Teig sein, der sich jedoch noch vom Schüsselrand löst.

- Den Teig bei Zimmertemperatur zugedeckt etwa 3 Stunden stehen lassen, um den Gärvorgang zu aktivieren. Dabei 3-mal jeweils nach 1 Stunde falten und dehnen. Durch mehrfache Dehnung und Faltung während der ersten Gare bekommt der Teig mehr Struktur und Straffheit.

- Beim dritten Mal den Teig auf einer bemehlten Arbeitsfläche sanft dehnen und falten, dafür von allen Seiten den Teig hochziehen und zur Mitte hin falten. Den Teigling umdrehen und mit den Händen rund formen, drehend wird er seitlich zur Unterfläche hin leicht nach innen zu einer runden Form gedrückt. Dadurch erhält er eine gute Oberflächenspannung. In einen reichlich bemehlten und mit Haferflocken ausgestreuten Gärkorb mit dem Schluss nach unten legen. Locker in einen Plastikbeutel schieben und diesen verschließen. 10 Stunden in den Kühlschrank stellen.

- Den Backofen auf 250 °C (Ober-/Unterhitze) vorheizen und einen backofengeeigneten Topf mit Deckel 45 Minuten mit erhitzen. Der Topf muss für das Backen nicht extra eingefettet werden.

- Den heißen Topf herausholen, den Deckel abnehmen. Der Teigling wird nun sehr vorsichtig direkt aus dem Gärkorb aus dem Kühlschrank heraus in den sehr heißen Topf gestürzt. Jetzt ist der Schluss oben, damit der Teigling aufreißt. Wenn der Teigling schief hineinrutscht, ist das nicht schlimm.

- Den Deckel wieder auf den Topf geben und diesen in den mittleren Bereich des Backofens stellen. 15 Minuten backen, dann die Temperatur auf 200 °C herunterschalten und nochmals 45 Minuten backen.

- Das Brot vorsichtig auf ein Kuchengitter stürzen, umdrehen und abkühlen lassen.

FRÜHSTÜCK

## Zutaten:

**Für den Teig:**
175 g Pellkartoffeln (vom Vortag)
400 g Weizenvollkornmehl
50 g Haferflocken
4 g frische Hefe
100 g gekühltes Lievito madre (festes Weizen-Anstellgut oder 4 g Frischhefe zusätzlich; siehe Tipp)
150 g Magerquark
250–300 g Wasser oder Wasserkefir
14 g Meersalz
20 g milder Honig

**Außerdem:**
Mehl zum Bestäuben des Gärkorbs
2 EL Haferflocken

**TIPP:**
*Diese Brot funktioniert auch ohne Anstellgut: Einfach durch 4 g Frischhefe ersetzen und das Brot mit insgesamt 8 g Hefe backen.*

**Frau Zuckerstein**   *www.frauzuckerstein.de*

# Honigbutter und Tomatenbutter

Als Erzieherin ist Tanja Gehringer geübt im Umgang mit kindlichem Ehrgeiz in der Küche. Ihre zwei Söhne dürfen nicht nur Kuchenwünsche äußern, sondern auch Eigenkreationen verwirklichen, selbst wenn dabei „Kekse zerbröseln und Cupcakefrostings zerfließen". Herr Gehringer übernimmt derweil die Rolle des Verkosters. „Wir sind eine kleine Chaosfamilie", gesteht die Bloggerin, „aber wenn am Ende der fertige Kuchen auf dem Tisch steht, auch sehr, sehr glücklich." Von Hessen ist sie der Liebe wegen ins bayerische Aschaffenburg gezogen.

Gelegentlich fehlt ihr die Heimat mit deftigen Kartoffelgerichten und grüner Sauce. Ihrem Blog merkt man das nicht an, schließlich wird dort dem Namen Frau Zuckerstein entsprechend das süße Leben zelebriert. Keksbrösel stellen dabei kein Hindernis dar. Sowohl süß als auch deftig kann es dagegen beim Frühstück zugehen, bei dem ein klassisch einfaches Produkt wie Butter gern mal mit cremigem Honig oder getrockneten Tomaten aufgepeppt wird.

## Zubereitung:

**PORTIONEN:** 10 pro Butter | **ZUBEREITUNG:** 15 Min.

- Für die Honigbutter die weiche Butter in eine Schüssel geben und mit dem Mixer glatt rühren. Den Honig dazugeben und unter die Butter mischen. Nach Belieben mit weiteren Aromen verfeinern.

- Die Butter in eine Butterform oder in kleine Gläschen füllen und kühl stellen. Am besten schmeckt sie mit süßem Brot oder Croissant.

- Für die Tomatenbutter die weiche Butter in einer Schüssel glatt rühren. Das Tomatenmark dazugeben und verrühren. Die Tomaten abtropfen lassen und in einer zweiten Schüssel mit einem Pürierstab fein pürieren. Die Masse zur Butter geben.

- Den Knoblauch schälen und in sehr kleine Würfel schneiden oder ebenfalls pürieren. Den Knoblauch und die getrockneten Kräuter unterrühren und die Buttermasse in kleine Gläschen füllen und kühl stellen.

- Tomatenbutter harmoniert sehr gut mit Weißbrot und einem Glas Maibowle.

### TIPP:

*Falls man die Honigbutter in einer Form aufbewahrt, diese mit der Butterseite nach unten auf ein Brettchen legen und ein erwärmtes Handtuch daraufgeben, so lässt sich die Butter besser stürzen.*

*Beide Buttervarianten eignen sich auch als Beigabe zu Hauptgerichten: Die Honigbutter schmeckt z. B. auf einem warmen Steak und die Tomatenbutter passt perfekt zu allem Gegrillten.*

### Zutaten:

**Für die Honigbutter:**
250 g weiche ungesalzene Butter
180 g Blütenhonig
Vanillepulver, Zimtpulver, Orangenschale (nach Belieben)

**Für die Tomatenbutter:**
250 g weiche Butter
1 Tube Tomatenmark (200 g)
1 Glas in Öl eingelegte, getrocknete Tomaten (etwa 280 g)
2–3 Knoblauchzehen
2 EL getrocknete Kräuter

FRÜHSTÜCK

**Mein kleiner Foodblog** — *www.meinkleinerfoodblog.de*

# Knuspermüsli mit Vanillejoghurt und Beeren

Susanne Punte lebt mit ihrem Mann und den beiden gemeinsamen Kindern in Dresden. Auf Mein kleiner Foodblog teilt sie Rezepte, die leicht gelingen und alltagstauglich sind. Zusätzliche Arbeit lässt sich die Bloggerin gern von einer Küchenmaschine namens Woody abnehmen. Zu ihrer sächsischen Wahlheimat fallen ihr vor allem süße Spezialitäten ein: Eierschecke und Quarkkeulchen. Und der sehr weihnachtliche Christstollen. Ihr Sonntagsfrühstück schmeckt das ganze Jahr über, am besten allerdings im Sommer, wenn die Erdbeeren und Heidelbeeren frisch sind, vielleicht sogar im eigenen Garten gepflückt wurden. Gesüßt wird das Knuspermüsli lediglich mit Honig, dazu passt ein Vanillequark mit Ahornsirup.

## Zubereitung:

**PORTIONEN:** 1–2 | **ZUBEREITUNG:** 10 Min.

- Für das Müsli die Butter in einer kleinen Pfanne zerlassen. Haferflocken, Nüsse und Sonnenblumenkerne dazugeben. Alles bei mittlerer Hitze etwa 2 bis 3 Minuten anrösten, bis die Masse goldbraun ist. Ab und zu umrühren.

- Die Haferflocken-Nuss-Mischung vom Herd nehmen und den Honig unterrühren. Das Müsli beiseitestellen und abkühlen lassen.

- Den Joghurt mit dem Ahornsirup und dem Vanillepulver verrühren. Die Beeren verlesen, waschen und trocken tupfen. Den Joghurt in eine Schüssel füllen, die Beeren darauf verteilen und das Knuspermüsli daraufgeben.

**TIPP:**
*Die Nüsse können beliebig ausgetauscht und das Obst je nach Saison oder Vorliebe verwendet werden.*

### Zutaten:

**Für das Müsli:**
1 EL Butter
3 geh. EL Haferflocken
2 EL gehackte Nusskerne (z. B. Cashewkerne, Mandeln oder Haselnüsse)
1 EL Sonnenblumenkerne
1 TL Honig

**Für den Joghurt:**
250 g griechischer Joghurt (oder Naturjoghurt, Quark)
1 TL Ahornsirup
1 Msp. Vanillepulver
1 Handvoll Beeren (z. B. Heidelbeeren, Erdbeeren, Himbeeren)

FRÜHSTÜCK

**schmecktwohl**   www.schmecktwohl.de

# Kürbis-Linsen-Baguette mit Spiegelei

Mit dem Alltag in einer Restaurantküche hat das Leben einer Foodbloggerin wenig gemein. Stefanie Hiekmann kann das bestätigen. Mehrmals stand sie für Praktika am Herd des inzwischen geschlossenen Dreisternerestaurants „La Vie" in ihrer Heimatstadt Osnabrück. Bei dessen Chefkoch Thomas Bühner hat sie unter anderem gelernt, Gemüse nicht in Wasser zu kochen, sondern zu rösten, zu dämpfen, zu dünsten oder im eigenen Saft zu garen. Studiert hat Hiekmann Wirtschaftssoziologie und Germanistik, heute arbeitet sie als Foodjournalistin und Kochbuchautorin. Warum nicht als Köchin? „Für mich macht die Außenperspektive den Reiz aus. Als Foodjournalistin bin ich mittendrin im Geschehen und trotzdem nur zu Gast. Und als solcher immer auf der Suche nach Entdeckungen, Innovationen und neuen Wegen, bekannte Produkte anders zuzubereiten."

## Zubereitung:

- Für den Aufstrich die Schalotte schälen und fein würfeln. Ingwer schälen und fein reiben oder würfeln. Chilischote putzen, entkernen, waschen und fein schneiden. Die Linsen waschen und abtropfen lassen. Kürbis waschen, falls nötig, entkernen sowie den Butternutkürbis schälen und das Fruchtfleisch in Würfel schneiden.

- Die Butter in einem Topf erhitzen und die Schalottenwürfel, den Ingwer und die Chilistücke darin bei mittlerer Hitze andünsten. Nach 2 bis 3 Minuten die Linsen und die Kürbiswürfel hinzugeben, kurz mitdünsten und den Gemüsefond angießen. Mit Salz würzen und das Linsen-Kürbis-Gemüse zugedeckt bei mehrmaligem Umrühren 20 bis 30 Minuten weich garen. Falls nicht genügend Flüssigkeit im Topf ist, etwas Fond nachgießen.

- Das Gemüse grob pürieren, vollständig abkühlen lassen und anschließend mit dem Frischkäse vermengen und mit Salz und nach Belieben mit etwas Ahornsirup und Zitronensaft abschmecken.

- Die Brotscheiben mit dem Aufstrich bestreichen. Die Salat- oder Kräuterblätter waschen, trocken tupfen und darauf verteilen. Die Eier in wenig Butter zu Spiegeleiern braten. Auf den Brotscheiben verteilen.

**PORTIONEN:** 4 | **ZUBEREITUNG:** 40 Min.

*TIPP:*

*Wer mag, röstet im Backofen etwa 6–8 Minuten dünne Schinkenscheiben (175 °C, Umluft) und belegt die Brote zusätzlich mit krossen Schinkenchips.*

# FRÜHSTÜCK

## Zutaten:

**Für den Aufstrich:**
1 kleine Schalotte
1 kleines Stückchen Ingwer
1 kleine Chilischote
75 g rote Linsen
200 g Kürbisfleisch (Hokkaido oder Butternut)
1 EL Butter
100–200 ml Gemüsefond
Salz
150 g Frischkäse
Ahornsirup und Zitronensaft (nach Belieben)

**Für das Brot:**
4 Scheiben Brot oder Baguette
4 Salatblätter (nach Belieben)
4 Eier
etwas Butter

**Heavenlynn Healthy**   www.de.heavenlynnhealthy.com

# Herbstliches Hirseporridge mit warmen Birnen

Aus ihrer Studienzeit in den USA hat Lynn Hoefer folgendes Zitat mitgebracht: „Eat kale to stay healthy, eat grandma's apple cake to stay sane", frei übersetzt: „Iss Grünkohl, um gesund zu bleiben, und Omas Apfelkuchen, um normal zu bleiben." In der Praxis bedeutet das eine pflanzenbasierte Ernährung ohne Fertigprodukte, mit gelegentlichen Exkursionen zu dem, was vielleicht nicht gesund, aber lecker ist. Von strikter Ernährung und erhobenem Zeigefinger hält die Wahllüneburgerin wenig. Nach ihrem BWL-Studium absolvierte sie eine Ausbildung zur ganzheitlichen Ernährungsberaterin, ideale Voraussetzung also für ihren Blog Heavenlynn Healthy. Dort teilt sie regelmäßig saisonale Rezepte wie ihr liebstes warmes Frühstück aus Hirseporridge. Mittlerweile ist Hoefer zudem Autorin und hat bereits drei Koch- und Ernährungsbücher geschrieben.

## Zubereitung:

**PORTIONEN:** 4 | **ZUBEREITUNG:** 20 Min. + Einweichzeit über Nacht

- Die Hirse am Abend vorher komplett mit Wasser bedecken und über Nacht einweichen. Dieser Schritt ist optional, das Einweichen macht die Hirse aber bekömmlicher.

- Am nächsten Morgen die Birnen waschen und in mundgerechte Stücke schneiden. Die Datteln entsteinen und klein schneiden. Die eingeweichte Hirse gut waschen und mit 400 ml frischem Wasser und den Datteln in einen Topf geben. Einmal aufkochen und etwa 5 Minuten bei mittlerer Hitze köcheln lassen.

- Parallel etwas Kokosöl in einer Pfanne erhitzen und die Birnenstücke darin bei schwacher Hitze erwärmen.

- Nach etwa 5 Minuten den Haferdrink zur Hirse geben und weitere 5 Minuten köcheln lassen. Zwischendurch immer wieder gut umrühren, damit nichts ansetzt. Die Gewürze ins Porridge rühren und nach Belieben mit etwas Ahornsirup oder Honig nachsüßen. Die Hirse mit den warmen Birnen und beliebigen Toppings anrichten.

### TIPP:

*Dieses Hirseporridge ist eine gute Alternative zum typischen Haferbrei. Hirse enthält sättigende pflanzliche Proteine, ist von Natur aus glutenfrei und für Diabetiker geeignet. Im Herbst und Winter ist dieses Porridge das ideale Frühstück und schmeckt auch genauso gut mit warmen Äpfeln.*

FRÜHSTÜCK

## **Zutaten:**

**Für die Hirse:**

200 g Goldhirse

2 Birnen

2 Datteln

1 TL (natives) Kokosöl

200 ml (glutenfreier) Haferdrink

1 TL Zimtpulver

¼ TL Kardamompulver

1 Prise Meer- oder Steinsalz

1 gute Prise Vanillepulver (oder das Mark von ½ Vanilleschote)

etwas Ahornsirup oder Honig (nach Beliben)

**Für das Topping:**

Haselnussmus oder Nussmus nach Wahl

geschälte Hanfsamen

geröstete Haselnusskerne

Ölsaaten oder Kerne nach Wahl

**felicitas_kocht**   @felicitas_kocht

# French Toast

Gestartet hat Felicitas Nadwornicek ihren Instagram-Account felicitas_kocht 2021. Es geht dort „nicht nur um schöne Fotos und leckere Rezepte, sondern auch um saisonale und regionale Produkte, den Gemüseanbau im städtischen Hochbeet und ums Wildkräutersammeln". Aufgewachsen ist sie in Bayern, in ihrer Wahlheimat Berlin zieht es sie immer wieder in die umliegende Natur, was sich auch in ihrer Ernährung widerspiegelt. Es gilt die Root-to-stalk-Philosophie, die besagt, man solle jeden Teil einer Pflanze verwenden. Essen wegschmeißen? Geht gar nicht. Für Gleichgesinnte hat sie einige Tipps: „Mittlerweile gibt es zu dem Thema viele inspirierende Initiativen von Foodsharing über Apps wie Too good to go bis hin zum Onlineshop Querfeld, der krummes Obst und Gemüse vor der Tonne rettet."

## Zubereitung:

**PORTIONEN:** 2 | **ZUBEREITUNG:** 15 Min.

- Pflanzendrink, Mehl, Kokosblütenzucker, Zimt und 1 Prise Salz in einer Schüssel gut miteinander verquirlen. Die Brotscheiben halbieren und jeweils von beiden Seiten in die Mischung legen, bis sie gut vollgesogen sind.

- Etwas pflanzliche Butter in einer Pfanne zerlassen und die Brote darin von beiden Seiten einige Minuten knusprig braten.

- Die Crème fraîche mit der Hafersahne verrühren. Den Toast mit der Creme, den Sauerkirschen und etwas geriebener Schokolade anrichten und servieren.

## Zutaten:

**Für den French Toast:**
30 ml Pflanzendrink
1 EL Weizenmehl
1 TL Kokosblütenzucker
½ TL Zimtpulver
Salz
2 Scheiben Brot (gern auch schon etwas älter)
2 TL pflanzliche Butter zum Ausbacken

**Topping:**
1 EL vegane Crème fraîche
2 EL Hafersahne
1 Handvoll Sauerkirschen
Zartbitterschokolade

FRÜHSTÜCK

**BesondersGut**  *www.besondersgut.ch*

# Wilder Dreikönigskuchen

Katharina Arrigoni backt Brot. Und zwar jeden Tag, ein wenig für sich allein, vor allem aber für andere. Wenn sie nicht backt, das Ergebnis fotografiert oder darüber für ihren Blog BesondersGut schreibt, gibt sie Backkurse oder liest Bücher übers Brotbacken. Zwischen Kruste und Krume liegt für sie eine ganze Welt. Angefangen hat sie damit in einer schwierigen Lebenssituation, dementsprechend schwärmt sie von der meditativen, heilsamen Wirkung, die sich beim Teigkneten einstelle. Eine Zutat, auf welche die im Kanton Aargau lebende Schweizerin nicht verzichten kann? „Zeit." Noch einen Tipp hat sie für alle angehenden Brotkünstlerinnen und -künstler: An trübseligen Tagen sollte man das mit dem Backen besser sein lassen.

## Zubereitung:

**PORTIONEN:** 8–9 | **ZUBEREITUNG:** 2 Tage, davon 5 Std. Gehzeit

- Für den Lievito Madre am Vortag abends die Anstellkultur in dem Wasser auflösen, danach das Mehl zugeben und zu einem festen Teig verrühren. 5 Minuten gründlich kneten und bei mindestens 25 °C über Nacht fermentieren lassen. Der Lievito Madre muss vor dem letzten Auffrischen bereits aktiv sein, ansonsten hat er nicht genügend Triebkraft, den Teig im gewünschten Maße zu fermentieren.

- Für das Mehlkochstück am Vortag abends Milch und Mehl in einer kleinen Pfanne unter ständigem Rühren langsam aufkochen, bis die Masse eindickt. Etwas abkühlen lassen, abgedeckt bis zum nächsten Tag in den Kühlschrank stellen.

- Für den Hauptteig am nächsten Tag das kalte Mehlkochstück in die Teigschüssel geben und 30 Minuten Zimmertemperatur annehmen lassen. Lievito Madre und lauwarme Milch dazugeben, kurz verrühren. Anschließend Zucker, Mehl und Salz hinzufügen, 5 bis 8 Minuten auf niedriger Stufe kneten. Der Teig ist zu diesem Zeitpunkt noch eher trocken. Nun die weiche Butter in Stückchen dazugeben, den Teig weitere 5 bis 10 Minuten schonend kneten. 1 Minute vor Knetende die Zitronenschale unterrühren (bei früherer Zugabe wird der Geschmack zu intensiv, die Zitronenschale würde im Teig „verschmieren"). Der Teig ist am Schluss elastisch und löst sich gänzlich von der Schüssel. Den Teig gut bedecken, bei 25 bis 27 °C etwa 3 Stunden gehen lassen, bis sich das Volumen merklich erhöht hat. Die Gärzeit ist abhängig von der Aktivität des Lievito Madre und der Gärtemperatur.

- Den Teig mit der Teigkarte auf die unbemehlte (!) Arbeitsfläche geben, 8 Teigstücke à 80 g abteilen. Den Rest des Teigs zu einer großen Kugel formen, diese mit der Naht nach unten auf ein Backpapier legen. Die restlichen Teigstücke zu Kugeln formen, mit der Naht nach unten gleichmäßig (nicht zu dicht) um die große Kugel platzieren. In einer der kleinen Kugeln 1 Mandel verstecken. Das Ei mit je 1 Prise Salz und Zucker verquirlen, nach Belieben 1 EL Sahne oder Milch unterrühren. Den Dreikönigskuchen damit bestreichen und zugedeckt (mit einer sehr großen Schüssel oder einer Teigwanne) bei 25 bis 27 °C nochmals etwa 1 Stunde gehen lassen. Den Backofen auf 190 °C (Ober-/Unterhitze) vorheizen.

- Vor dem Backen den Kuchen nochmals mit Ei bestreichen. Im vorgeheizten Ofen etwa 30 Minuten backen. Noch heiß mit Agavendicksaft bestreichen und mit Hagelzucker bestreuen.

FRÜHSTÜCK

## **Zutaten:**

**Am Vortag**
**Für den Lievito Madre:**
15 g aktive Anstellkultur
40 g Wasser
80 g Weizenmehl

**Für das Mehlkochstück:**
125 g Milch
25 g Weizenmehl

**Am Backtag**
**Für den Hauptteig:**
Mehlkochstück
120 g Lievito Madre
170 g lauwarme Mich

40 g Zucker
410 g Weizenmehl
10 g Salz
70 g weiche Butter
abgeriebene Schale von ½ Bio-Zitrone

**Für die Eistreiche:**
1 Ei
Salz
Zucker
1 EL Sahne oder Milch

**Für die Glasur:**
3 EL Agavendicksaft
Hagelzucker zum Bestreuen

**Sia's Soulfood**  www.siasoulfood.blogspot.com

# English Muffins mit Apfel-Zimt-Konfitüre

Anastasia Franik ist Griechin. Die Leidenschaft fürs Kochen hat sie von ihrer Mutter geerbt, ebenso die Erkenntnis, dass Essen am besten schmeckt, wenn sich die ganze Familie am Tisch versammelt. Mehr als ihre griechische Heimat inspiriert sie jedoch die französische Küche. Ihr Lieblingsbuch? „Paris in meiner Küche" von Rachel Khoo. Andererseits ist die Bloggerin verrückt nach Nudeln. Ach, wäre Europas Politik doch ähnlich empfänglich für so viele verschiedene Einflüsse! Und so zuversichtlich wie das Lebensmotto der Bloggerin: „Chaotisch, aber mit Blick auf alles". Sie zelebriert ihre kulinarische Vielfalt in Stuttgart, das weniger bekannt ist für Multikulti als für die Kehrwoche. „Maultaschen gibt es bei mir regelmäßig", gesteht Franik, noch häufiger allerdings Knoblauchpasta mit Muskatnuss. Ihr Sonntagsfrühstück dagegen kommt von der Britischen Insel: Ihre in der Pfanne gebackenen English Muffins genießt sie am liebsten mit selbst gemachter Apfel-Zimt-Konfitüre.

**PORTIONEN:** 16–18 Muffins und 4 Gläser à 250 ml (Konfitüre)
**ZUBEREITUNG:** 2 Std.

## Zubereitung:

- Für die Muffins die Hefe mit 250 ml lauwarmem Wasser in einer Schüssel verrühren, bis sie sich aufgelöst hat. Mehl und Salz in einer Schüssel miteinander verrühren. Die Hefeflüssigkeit und den Joghurt hinzufügen und alles zu einem glatten Teig verkneten. Den Teig an einem warmen Ort zugedeckt 45 bis 60 Minuten gehen lassen.

- Anschließend den Teig auf der mit Mehl bestäubten Arbeitsfläche kurz kneten und dann etwa 1 cm dick ausrollen. Mit einem Glas Kreise (7 cm Ø) ausstechen. Jeden Kreis mit etwas Grieß bestreuen und auf ein mit Backpapier belegtes Blech legen. Die Muffins abdecken und 30 bis 45 Minuten gehen lassen.

- Eine große Pfanne mit etwas Öl einfetten. Die Muffins darin portionsweise bei mittlerer Hitze von jeder Seite 7 bis 8 Minuten goldbraun backen (Vorsicht, sie können schnell zu braun werden!). Am besten warm mit Butter und Konfitüre servieren.

- Für die Konfitüre die Äpfel schälen, entkernen und in Würfel schneiden (es sollten 1,5 kg Apfelfruchtfleisch sein). Mit dem Zitronensaft und den Zimtstangen in einen großen Topf geben. Alles kurz aufkochen lassen und dann zugedeckt unter gelegentlichem Rühren 10 bis 15 Minuten dünsten, bis die Äpfel weich sind. Die Zimtstangen herausnehmen und die Äpfel pürieren.

- Den Gelierzucker, den Honig und die Zimtstangen wieder hinzufügen, alles gut verrühren. Unter Rühren zum Kochen bringen und 3 Minuten sprudelnd kochen lassen. Den Topf vom Herd nehmen, die Zimtstangen entfernen und die Konfitüre bis zum Rand in sterilisierte heiße Gläser füllen. Die Gläser gut verschließen und umgedreht abkühlen lassen.

FRÜHSTÜCK

## **Zutaten:**

**Für die Muffins:**
1 Päckchen Trockenhefe
525 g Weizenmehl (Type 550)
½ TL Salz
125 g Naturjoghurt
1–2 EL feiner Grieß
Sonnenblumenöl zum Backen

**Für die Konfitüre:**
2–2,2 kg Äpfel (z. B. Gala)
Saft von 1 Zitrone
3 Zimtstangen
500 g Gelierzucker (3:1)
50 ml Honig

**Sheloveseating**    *www.sheloveseating.de*

# Veganer Eiersalat

Ginge es nach Tanith Schmelzeisen, sollten wir generell mehr Kichererbsen, Linsen und Co. essen, denn sie sind gesund und lassen sich vielseitig zubereiten. Bei ihr stehen fast jeden Tag Hülsenfrüchte auf dem Speiseplan. Sheloveseating heißt ihr Blog, der sich nicht nur mit Rezepten, sondern auch veganer Ernährung und Nachhaltigkeit beschäftigt. Und mit Yoga, das Schmelzeisen neben ihrer Tätigkeit als Social-Media- und Content-Managerin unterrichtet. „Alle meine Rezepte sind vegan und voller Liebe. Ich bin davon überzeugt, dass jeder und jede unabhängig von der zur Verfügung stehenden Zeit ein leckeres veganes Gericht kochen kann." Bei der Zubereitung pflanzlicher Eierspeisen greift die gebürtig aus Baden-Wüttemberg stammende Wahlberlinerin auf das aus Indien stammende Kala-Namak-Salz mit seiner unverkennbaren Schwefelnote zurück.

## Zubereitung:

**PORTIONEN:** 2 | **ZUBEREITUNG:** 10 Min.

- Die Kichererbsen in einem Sieb abtropfen lassen. Das Avocadofruchtfleisch aus der Schale lösen. Alle Zutaten in eine Schüssel geben, mit einer Gabel zerdrücken und vermischen. Nach Bedarf mit Pfeffer abschmecken.

- Zum Servieren den Eiersalat als Sandwich mit etwas frischem Salat und einigen Gurkenscheiben zwischen 2 Scheiben Brot geben oder als Brotbelag anrichten.

### *TIPP:*

*Um den Eigeschmack zu imitieren, wird in diesem Rezept Kala-Namak-Salz verwendet. Dies ist ein Schwarzsalz mit einem hohen Schwefelgehalt, wie er auch in Eiern vorkommt. Es ist gesundheitlich unbedenklich und eignet sich hervorragend, um Eiergerichte auf natürliche Weise auch in veganer Version zuzubereiten.*

### Zutaten:

150 g Kichererbsen (aus der Dose)
½ Avocado
2 EL Zitronensaft
1 TL Senf
1 TL Kala-Namak-Salz
Pfeffer nach Bedarf
Salatblätter nach Wahl
einige Gurkenscheiben
4 Scheiben (Vollkorn-)Brot

FRÜHSTÜCK

**Naturally Good**    *www.naturallygood.de*

# Kürbisbrot mit Pflaumenchutney

Zur Herbstfrucht Pflaume kombiniert Adaeze Wolf (siehe auch S. 10) in diesem Rezept einen weiteren Schatz der goldenen Jahreszeit: den Kürbis. Die Frage nach ihrem liebsten Kürbisrezept kann sie nicht beantworten, es sind einfach zu viele. Ein Kürbisbrot, findet sie allerdings, geht immer, und ist zusammen mit süß-würzigem Pflaumenchutney oder Olivenöl und Meersalz vor allem an kälteren Tagen der perfekte Start in den Sonntag.

## Zubereitung:

**PORTIONEN:** 9–10 | **ZUBEREITUNG:** 25 Min. + 55 Min. Ruhezeit + 1 Std. Backzeit

- Für das Brot den Backofen auf 180 °C (Ober-/Unterhitze) vorheizen. Den Kürbis waschen, entkernen und mit der Schale in kleine Stücke schneiden. Anschließend mit etwas Wasser und dem Kurkumapulver etwa 10 Minuten köcheln lassen, bis die Schale weich ist. Abkühlen lassen und mit dem Stabmixer pürieren.

- Die Hefe mit etwas Wasser mischen. Das Kokosöl erwärmen. Hefe mit Dinkelmehl, Kokosmehl und Salz in eine Schüssel geben. Das Kürbispüree hinzufügen und alles mit den Händen verkneten. Die Kürbiskerne unterheben und den Teig zugedeckt etwa 40 Minuten ruhen lassen. Dann den Teig noch mal kurz durchkneten und zu einem Brot formen. Den Brotteig mit einem Messer einritzen und nach Belieben zusätzliche Kürbiskerne auf das Brot streuen. Erneut 15 Minuten ruhen lassen.

- Das Brot im vorgeheizten Ofen 10 Minuten backen, danach die Temperatur auf 160 °C herunterschalten und 50 bis 60 Minuten weiterbacken. Das Brot ist fertig, sobald der Brotlaib beim Klopfen hohl klingt.

- Für das Chutney die Pflaumen waschen, halbieren und entsteinen. Die Pflaumenhälften in kleine Würfel schneiden. Schalotten schälen und in kleine Würfel schneiden. Ingwer schälen und fein hacken. Chili putzen, längs aufschneiden, waschen, entkernen und klein schneiden.

- Das Öl in einem Topf erhitzen. Schalotten, Chili, Ingwer, Senfsamen und Kreuzkümmel darin 1 bis 2 Minuten andünsten. Pflaumen, Kokosblütenzucker, Rotwein und Essig zugeben und zugedeckt unter gelegentlichem Rühren etwa 30 Minuten köcheln lassen. Das Chutney mit Zimt, Salz und Pfeffer abschmecken und anschließend in gut verschließbare sterile Gläser füllen.

FRÜHSTÜCK

## Zutaten:

**Für das Brot:**

1 mittelgroßer Hokkaidokürbis
2 TL Kurkumapulver
18 g Backhefe
3 TL Kokosöl
450 g Dinkelmehl
50 g Kokosmehl
2 TL Meersalz
50 g Kürbiskerne

**Für das Chutney:**

500 g Pflaumen
3 Schalotten
1 daumengroßes Stück Ingwer
1 kleine rote Chilischote
1 EL Öl
1 TL Senfsamen
½ TL gemahlener Kreuzkümmel
50 g Kokosblütenzucker
100 ml Rotwein
3 EL Aceto balsamico
Zimtpulver
Salz und Pfeffer

**Wilde Schote**   www.wildeschote.com

# Cashew-Zwiebel-Aufstrich mit frischem Beifuß

Angela Schults Lieblingsessen? „Guter Heinrich." Nein, hierbei handelt es sich nicht um den Schutzpatron der Heimköche, sondern eine Unterart der sogenannten Fuchsschwanzgewächse. Seit über zwanzig Jahren interessiert Schult sich für heimische Kräuter. „Wilde Minze und wilde Möhre, Löwenzahn, Spitzwegerich, Majoran … Ich bin verrückt nach Wildkräutern!" Hauptberuflich arbeitet die Münchnerin als Fotografin, Übersetzerin und Kochbuchautorin, nebenbei betreibt sie den Blog Wilde Schote und baut auf einem Acker ihre eigenen Salate, Gemüsesorten und Kartoffeln an. Vieles, was gemeinhin als Unkraut angesehen wird, eignet sich ihrer Meinung nach zum Verzehr. Giersch zum Beispiel oder Löwenzahn, der anstelle von Basilikum Abwechslung in Pastagerichte bringt. Abgesehen davon arbeitet Schult gern mit Fermentiertem und Eingewecktem. Neben dem Wilden Heinrich ist sie auch der Gartenmelde verfallen, einer der ältesten Kulturpflanzen überhaupt, die problemlos Tiefkühlspinat ersetzt: „Kostet nichts und ist sehr lecker und gesund."

## Zubereitung:

**PORTIONEN:** 4 | **ZUBEREITUNG:** 20 Min. + 2 Std. Quellzeit

- Die Cashewkerne 2 Stunden in kaltem Wasser einweichen, dann abgießen. Die Zwiebeln schälen und in Würfel schneiden. Die Birne waschen, entkernen und mit Schale in Raspel reiben.

- 4 EL Olivenöl in einer Pfanne erhitzen und die Zwiebeln zusammen mit den Beifußrispen knusprig braten. Die Birne hinzufügen und 5 Minuten dünsten. Die Beifußrispen entfernen und 1 Prise Kurkuma und den Pfeffer hinzufügen. Abkühlen lassen.

- In einer tiefen Schale Cashewkerne und Beifußblätter mit 3 bis 5 EL Olivenöl und dem Joghurt pürieren. Die Zwiebelmasse hinzufügen und gut vermischen. Mit 1 Prise Zucker und Salz abschmecken.

## Zutaten:

200 g Cashewkerne
2 Zwiebeln
½ Birne
7–9 EL Olivenöl
3 Rispen frischer Beifuß
Kurkumapulver
½ TL Kampot-Pfeffer
6 kleine Beifußblätter
3–4 EL griechischer Joghurt (für eine vegane Variante kann Sojajoghurt verwendet werden)
Muscovadozucker
Meersalz

FRÜHSTÜCK

# Brunch

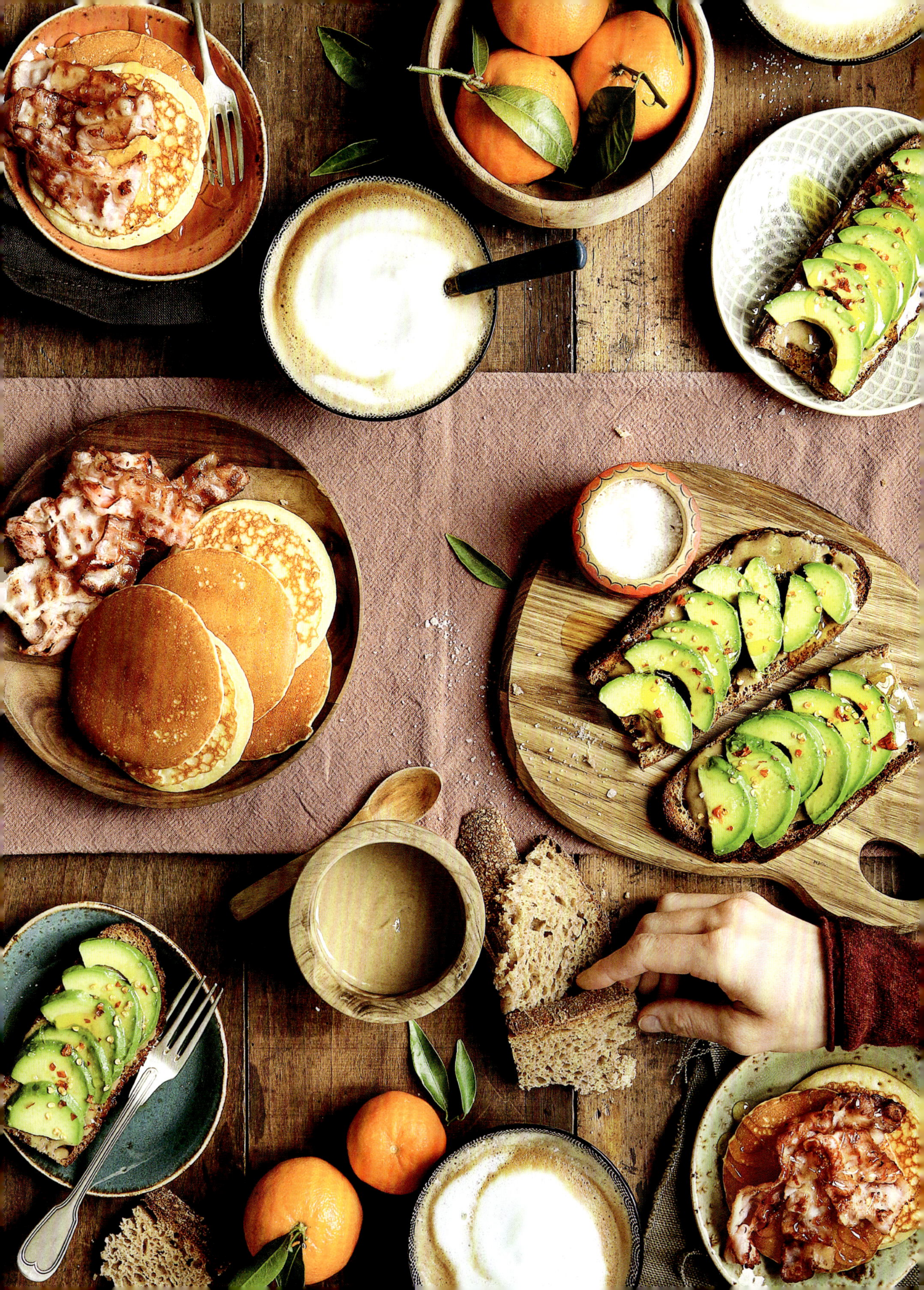

**derultimativekochblog**    www.derultimativekochblog.com

# Shakshuka à la Fritze & Fratze

Anna Königs und Holger Wenzls Lieblingsfarben sind Rot und Grün, allerdings nicht in Kombination, das ergibt nämlich Braun, und es gibt nichts, was die beiden so sehr hassen wie Intoleranz. Derultimativekochblog ist folglich mehr als ein Rezeptarchiv. Als Fritze und Fratze ermutigt das Paar seine Leserinnen und Leser, sich rund um die Welt zu kochen, als vielleicht schönste Form der Annäherung. Nach Jahren im Ausland pflegen sie mittlerweile gewissenhaft von Berlin-Kreuzberg aus ihre Hobbys „Essen, Trinken und Kultur". Wobei Hedonismus und ein ökologisches Bewusstsein kein Widerspruch sein müssen, schließlich ist Essen auch Politik. Königs und Wenzls Spezialiät Shakshuka kennt man in Israel ebenso wie in Tunesien, Marokko und, leicht variiert, auch in der Türkei. In den meisten Ländern genießt man dieses herzhafte Eier-Tomaten-Gericht in den Morgenstunden. Wer lieber deutsche Marmeladenbrötchen frühstückt, wartet eben, bis es Zeit fürs Mittagessen ist. Und freut sich dann über einen farbenfrohen Teller in Rot, Weiß und Grün.

## Zubereitung:

**PORTIONEN:** 4 | **ZUBEREITUNG:** 45 Min.

- Den Backofen auf 180 °C (Ober-/Unterhitze) vorheizen. Zwiebel schälen und in feine Halbringe schneiden. Paprika längs halbieren, entkernen, waschen und in Streifen schneiden. Aubergine und Zucchini putzen, waschen, längs halbieren und in Scheiben schneiden. Knoblauch schälen und in feine Scheiben schneiden.

- Etwas Olivenöl in einer ofenfesten Pfanne erhitzen. Zwiebel, Paprika und Aubergine darin etwa 10 Minuten bei mittlerer Hitze braten. Zucchini und Knoblauch dazugeben und weitere 5 Minuten braten. Dosentomaten und Tomatenmark hinzufügen und mit 200 ml Wasser ablöschen. Alles 15 Minuten bei mittlerer Hitze zugedeckt köcheln lassen. Bei Bedarf immer wieder Wasser dazugeben, damit nichts anbrennt. Mit Salz würzen.

- Lorbeerblätter, Kreuzkümmel, Cayennepfeffer und Paprikapulver gut untermischen. Den Feta in Würfel schneiden und darauf verteilen. Vier kleine Mulden in der Sauce formen und in jede Mulde 1 Ei aufschlagen. Die Eier mit Salz und Pfeffer bestreuen.

- Die Pfanne vorsichtig auf die mittlere Schiene in den vorgeheizten Ofen geben und 10 bis 15 Minuten backen, bis das Eiweiß fest ist.

- Den Koriander waschen, trocken schütteln und hacken. Zum Servieren die Shakshuka mit Koriander bestreuen.

## **Zutaten:**

1 Zwiebel
2 rote Spitzpaprika
1 große Aubergine
1 große Zucchini
3 große Knoblauchzehen
Olivenöl
2 Dosen Tomaten (à 400 g)
2 EL Tomatenmark
Salz
2 Lorbeerblätter
1 ½ TL gemahlener Kreuzkümmel
½ TL Cayennepfeffer (je nach Schärfe-wunsch mehr oder weniger)
1 TL geräuchertes Paprikapulver
100 g Feta
4 Eier
Meersalz
Pfeffer aus der Mühle
½ Bund Koriandergrün

**Food Enthusiast**   www.foodenthusiast.de

# Mohn-Zitronen-Pancakes

Schon für die alten Griechen war er das Symbol für Erde, Schlaf und Vergessen. Hat Mohn also in Wahrheit eine einschläfernde Wirkung? Tatsächlich handelt es sich bei dem, was hierzulande in Kuchen, Desserts und Backwaren landet, um Schlafmohn. Berauschend wirken nicht die Samen, sondern ein anderer Teil des Gewächses. Aus dem getrockneten Saft unreifer Schlafmohnkapseln entstehen unter anderem Heroin und Opium, das schon im Mittelalter als Narkosemittel diente. Was heißt das jetzt fürs Kochen? Zwar ist Mohn für Babys und Schwangere nicht geeignet, abgesehen davon aber in normalen Mengen und vor allem in weiterverarbeiteter Form unbedenklich. Es spricht also nichts dagegen, ihn wie Marieke Dammann schon ins Frühstück zu geben. Wie gut sich Mohn und Zitrone vertragen, beweisen jene Pancakes, zu denen die Hamburgerin eine ebenfalls mit Mohn verfeinerte Frischkäsecreme serviert. Gegen morgendliche Müdigkeitserscheinungen hat sie einen Tipp: frisch gebrühter Filterkaffee aus der Chemex.

## Zubereitung:

- Für die Pancakes Mehl, Mohn, Zucker, Backpulver und 1 Prise Salz in einer großen Schüssel miteinander vermischen. Die Zitrone heiß waschen, trocknen und die Schale abreiben. Die Hälfte der Schale in die Mehlmischung geben. Die Zitrone halbieren und den Saft auspressen. Die Hälfte des Safts zum Teig geben, den Rest beiseitestellen. Anschließend den Haferdrink dazugeben und alles zu einem glatten Teig verrühren.

- Das Öl in einer Pfanne erhitzen und je 1 EL Teig in die Pfanne geben. Die Pancakes bei mittlerer Hitze von beiden Seiten je 2 bis 3 Minuten goldbraun backen. In der Zwischenzeit Frischkäse und restlichen Zitronensaft glatt rühren.

- Die Pancakes auf einen Teller geben und mit der Frischkäsecreme servieren. Mit Zitronenschale und Mohn bestreuen.

**PORTIONEN:** 1 | **ZUBEREITUNG:** 15 Min.

## Zutaten:

**Für die Pancakes:**
4 EL Dinkelmehl
1 EL Mohn
½ EL Zucker
1 TL Weinstein-Backpulver
Salz
1 Bio-Zitrone
100 ml Haferdrink
1 EL Sonnenblumenöl

**Für das Topping:**
2 TL veganer Frischkäse
1 TL Mohnsamen

BRUNCH

# Lachstäschchen mit Spinat und Feta

Drei Dinge hat Florence Stoiber immer vorrätig: Senf, Wein und „Essiggürkerl". Damit kann man in der Küche nicht sehr viel anstellen, was aber kein Problem ist, hält doch ihre Heimatstadt Wien ein üppiges gastronomisches Angebot bereit. Ehrensache, dass Stoiber gern ausgiebig im Kaffeehaus sitzt – aber Schluss jetzt mit den Klischees. Ihr Lieblingsgericht ist nicht Schnitzel, sondern ein Kobe Beef Ribeye, medium rare. Wann immer es möglich ist, geht sie auf Reisen, besonders gern nach Asien, was auch daran liegt, dass ihre Mutter Chinesin ist.

Vor allem von taiwanesischem Streetfood kann Stoiber nicht genug kriegen. Zu Hause schwört die Bloggerin und Foodfotografin auf österreichisch-asiatisches Fusion Food. Im Kochbuchregal stehen Werke des Hotels Sacher und des Schnitzelspezialisten Plachutta gleichberechtigt neben solchen über China und Thailand und einem über Bollyfood. Ihre Lachs-Feta-Täschchen kombiniert Stoiber mit Austernpilzen. Senf und „Essiggürkerl" passen nicht gut dazu, Wein aber auf jeden Fall.

## Zubereitung:

PORTIONEN: 2 | ZUBEREITUNG: 40 Min.

- Den Backofen auf 190 °C (Ober-/Unterhitze) vorheizen. Den Spinat putzen, waschen und trocken schleudern. Die Austernpilze putzen und trocken abreiben. Das Olivenöl in einer Pfanne erhitzen und Spinat, Austernpilze und Feta darin anbraten.

- Den Blätterteig auseinanderlegen und die Hälfte der Spinatmischung darauf verteilen. Den Lachs darauflegen, mit Salz und Pfeffer würzen und mit der restlichen Spinatmischung bedecken.

- Den Blätterteig über den Lachs schlagen und die Ränder gut festdrücken. Das Ei verquirlen und den Teig damit bestreichen. Den Strudel mit der Naht nach unten im vorgeheizten Backofen etwa 25 Minuten backen. Nach Belieben auf einem Teller Spinatblätter und Zitronenscheiben verteilen. Das Lachstäschchen halbieren und darauf anrichten.

### Zutaten:

2 Handvoll Babyspinat
1 Handvoll Austernpilze
1 EL Olivenöl
100 g Feta
½ Rolle Blätterteig
1 größeres Lachsfilet ohne Haut (etwa 200 g)
Salz
Pfeffer
1 Ei
Zitrone und Spinat als Garnitur

BRUNCH

**voll gut & gut voll**   www.vollgut-gutvoll.de

# Granola-Tartelettes

Was der Chef wohl dazu sagt? Immer habe er bei der Arbeit am Computer in mindestens einer Hand etwas Essbares, gesteht Marcel Buchstaller. Wenn er nicht gerade als Art Director Geld verdient, bringt er seine drei Lieblingsbeschäftigungen zusammen, Kochen, Drinks Mixen und Fotografieren. Der Name seines Blogs voll gut & gut voll ist ein Wortspiel: „Voll" meint im Schwäbischen nicht nur einen Zustand des Satt-, sondern auch des Betrunkenseins. In seiner Heimatstadt Stuttgart empfiehlt Buchstaller dafür einen Besuch bei Paul & George, einer Bar mit freigelegten Backsteinwänden und Cocktailkreationen wie dem Magnifique Monkey. Zurück zum Essen: Am Sonntag muss man sich keine Gedanken machen, welche Gerichte sich zum Verzehr im Büro eignen. Ideal für beide Gelegenheiten sind diese Granola-Tartelettes mit ihrer Kombination aus Nüssen und Früchten.

## Zubereitung:

**PORTIONEN:** 6 Stück | **ZUBEREITUNG:** 20 Min.

- Den Backofen auf 180 °C (Ober-/Unterhitze) vorheizen. Haferflocken, Kokosraspel, Chiasamen und Zimt verrühren.

- Das Kokosnussöl in einem Topf zerlassen und den Agavendicksaft unterrühren. Zur Haferflockenmischung geben und zu einer klebrig festen Masse verrühren. Tartelette- oder Muffinförmchen mit etwas Kokosnussöl einfetten und die Masse hineingeben. Gut festdrücken und eine Mulde formen. Im vorgeheizten Ofen 15 Minuten backen. Dabei darauf achten, dass die Tartelettes nicht zu braun werden. Wenn sie fertig sind, herausnehmen und abkühlen lassen.

- Den Joghurt mit Vanillemark, Agavendicksaft und Limettensaft vermischen. Die Tartelettes aus den Förmchen lösen und den Joghurt in die Mulden geben. Nach Belieben mit Heidelbeeren, Erdbeeren oder Himbeeren belegen.

## Zutaten:

**Für den Teig:**
180 g Haferflocken
60 g Kokosraspel
2 TL Chiasamen
½ TL Zimtpulver
3 EL Kokosnussöl
2 EL Agavendicksaft

**Für die Füllung:**
2 EL Joghurt
1 TL Vanillemark
1 TL Agavendicksaft
1 TL Limettensaft
frische Beeren (nach Wahl)

BRUNCH

**Apple & Ginger**  *www.appleandginger.de*

# Kokos-Milchreis mit Mangopüree

Von den vielen, vielen Ernährungsempfehlungen ist diese vielleicht die vernünftigste: Hören Sie auf Ihren Bauch! Er sagt Ihnen, wann er woraufs Appetit hat und wann sein Hunger gestillt ist. Oder hören Sie auf die eigene Großmutter, die nicht auf die Idee gekommen wäre, Brot für sein Gluten oder die frisch gemolkene Milch für ihre Laktose zu verteufeln. Tatsächlich wurde intuitives Essen zum Trend auserkoren, dabei ist es eigentlich die natürlichste Sache der Welt. Das findet auch Jana Eisert. Sie hat sich der ayurvedischen Ernährung verschrieben, die als besonders bekömmlich gilt. Einige Grundsätze: Drei verschiedene Ernährungstypen gibt es, mit jeweils verschiedenen Empfehlungen. Eine vollwertige Mahlzeit sollte süße, salzige, saure, scharfe, bittere und herbe Anteile enthalten. Auf Rohkost wird weitestgehend verzichtet, Gewürze sind das A und O. Mit ihrem Blog Apple & Ginger möchte die Wahlberlinerin Menschen für die aus Indien stammende Gesundheitslehre begeistern, aber bloß ohne Zwang. „Die eine richtige Ernährungsform gibt es nicht. Ich wünsche mir, ein kleines Stück dazu beizutragen, dass mehr Menschen wieder zu einem entspannteren Umgang mit Essen finden."

## Zubereitung:

**PORTIONEN:** 4 | **ZUBEREITUNG:** 30 Min.

- Das Ghee in einem Topf erhitzen. Reis und Kardamom darin 1 Minute andünsten. Dann jeweils die Hälfte der Kokosmilch und des Reisdrinks dazugeben und bei schwacher Hitze köcheln lassen. Zwischendurch umrühren.

- Sobald die Flüssigkeit fast verkocht ist (nach etwa 10 bis 15 Minuten), die restliche Kokosmilch und den übrigen Reisdrink sowie den Ahornsirup dazugeben und weitere 10 bis 15 Minuten köcheln lassen. Zwischendurch immer wieder umrühren. Sobald der Reis weich und schön cremig ist, vom Herd nehmen und das Vanillemark und 1 Prise Salz dazugeben.

- Die Mango schälen, das Fruchtfleisch vom Stein schneiden, in Würfel schneiden und pürieren. Milchreis und Mangopüree auf vier Schüsseln oder Gläser verteilen und mit Kokosflocken garnieren.

### Zutaten:

1 EL Ghee
150 g Milchreis
2 TL Kardamompulver
150 ml Kokosmilch
300 ml Reisdrink
2 EL Ahornsirup
Mark von 1 Vanilleschote
Salz
1 Mango
50 g Kokosflocken

BRUNCH

**Gaumenpoesie** www.gaumenpoesie.com

# Feldsalatsuppe mit Kresse und Radieschen

Sarah Thor hat ein ungewöhnliches Hobby: seltene Zitronensorten. Eines ihrer Lieblingsgerichte ist ein Cedro-Zitronensalat. Für Amalfi-Zitronen hat sie eine andere Verwendung: Spaghetti al limone, bestehend aus hochwertiger Pasta, Butter, Parmesan und frischen Zitronen von der süditalienischen Küste. Ursprünglich stammt Thor aus der Steiermark, lebt inzwischen aber mit Mann und Hund in der Nähe von St. Gallen. Hauptberuflich ist sie Foodfotografin. „Auf meinem Blog spiegeln sich verschiedene Einflüsse wider – Österreich, die Schweiz und Süditalien, woher mein Urgroßvater stammte. Für ein gutes steirisches Kürbiskernöl kann ich mich mindestens genauso sehr begeistern wie für einen würzigen Käse aus der Schweiz oder eine cremige Burrata aus Kampanien." Ihre Vogerlsalatsuppe – im Hochdeutschen spricht man von Feldsalat – hingegen ist eher der österreichischen Küche zuzuordnen. Wobei auch hier Thors geliebte Zitrusfrucht in zweierlei Form vorkommt, als Zitronensaft und Zitronenöl.

## Zubereitung:

**PORTIONEN:** 3–4 | **ZUBEREITUNG:** 15 Min.

- Feldsalat und Petersilie waschen und trocken schütteln. Den Knoblauch schälen. 1 Handvoll Feldsalat beiseitelegen.

- Die Petersilie und den restlichen Feldsalat mit einem Messer klein schneiden. Die Kresse vom Beet schneiden, waschen und trocken tupfen. Etwas Kresse beiseitelegen.

- Feldsalat, Petersilie, Knoblauch, Kresse, Buttermilch, Zitronensaft und Öl in den Mixer geben und so lange pürieren, bis eine cremige Flüssigkeit entstanden ist. Die Suppe mit Salz und Pfeffer würzen.

- Die Radieschen putzen, waschen und vierteln oder in Scheiben schneiden. Die Sprossen waschen und trocken tupfen. Die Suppe kann kalt serviert werden oder nach Belieben kurz erhitzt werden. Zum Anrichten die Suppe auf Teller verteilen, mit Radieschen, Feldsalat, Kresse und Sprossen garnieren.

### Zutaten:

110 g Feldsalat
40 g glatte Petersilie
2 Knoblauchzehen
2 Kästchen Gartenkresse
½ l Buttermilch
2 EL frisch gepresster Zitronensaft
1–2 EL Zitronen- oder Olivenöl
Salz
Pfeffer

**Außerdem:**

4–5 Radieschen
Rote-Bete-Sprossen oder Radieschensprossen (nach Belieben)

BRUNCH

**Oh my gut!** *www.ohmygut.de*

# Toskanische Sauerteig-Bruschetta mit Pilzen

Der Darm hat in den letzten Jahren eine beachtliche Karriere hingelegt. So dominierte das Buch „Darm mit Charme" der Mikrobiologin Giulia Enders wochenlang die Bestsellerlisten, und auch Wissenschaftsjournalist Bas Kast weist in seinem „Ernährungskompass" darauf hin, welche entscheidende Rolle die Darmbakterien für unsere Gesundheit spielen. So wie diese beiden hat auch Adrienne Tonner ein spezielles Interesse am Thema Darmgesundheit. Neben ihrer Tätigkeit als Werbetexterin absolvierte sie ein Studium zur Ernährungsberaterin. Was sie dabei gelernt hat, ist auf ihrem Blog Oh my gut! nachzulesen, dessen Name mit der englischen Übersetzung von Darm spielt. Wichtig ist der Wahlhamburgerin, dass dabei der Genuss nicht zu kurz kommt. Dann freuen sich auch die Darmbakterien.

## Zubereitung:

**PORTIONEN:** 4 | **ZUBEREITUNG:** 30 Min.

- Den Knoblauch schälen und fein hacken. Die Pilze putzen, trocken abreiben und in kleine Stücke schneiden Das Olivenöl in einer Pfanne erhitzen und den Knoblauch darin kurz anbraten. Die Pilze dazugeben und kurz mit anbraten.

- Den Spinat verlesen, waschen, grobe Stiele entfernen und Spinatblätter grob zerkleinern. Ebenfalls in die Pfanne geben. Dann alles mit Weißwein ablöschen.

- Die getrockneten Tomaten abtropfen lassen, klein schneiden und dazugeben. Das Cashewmus unterrühren. 3 EL Wasser dazugeben und alles zu einer cremigen Sauce verrühren. Sollte die Sauce noch nicht cremig genug sein, etwas mehr Wasser dazugeben.

- Das Basilikum waschen, trocken schütteln und klein hacken. Mit den Hefeflocken zur Sauce geben, unterrühren und mit Salz und Pfeffer abschmecken.

- Die Brotscheiben im Toaster oder auf einem Grill rösten. Mit der Pilzsauce bestreichen und warm genießen.

## Zutaten:

4 Knoblauchzehen
3 Handvoll gemischte Pilze (z. B. Seitlinge, Pfifferlinge, Champignons)
1–2 EL Olivenöl
2 Handvoll frischer Spinat
100–150 ml Weißwein
50 g getrocknete Tomaten (in Öl)
1 EL Cashewmus
1 Handvoll Basilikumblätter
1 EL Hefeflocken
Salz
Pfeffer
4 Scheiben Sauerteigbrot

BRUNCH

**voll gut & gut voll**   *www.vollgut-gutvoll.de*

# Frühlingshaftes Bananenbrot

Wie schon seine Granola-Tartelettes ist auch Marcel Buchstallers (siehe auch S. 44) Bananenbrot ein richtiger Allrounder: Es kann ganz unkompliziert an den unterschiedlichsten Orten zu den verschiedensten Gelegenheiten verzehrt werden. Als Kind mochte er den beliebten Klassiker nicht besonders gerne, heute dafür umso lieber. Das könnte auch daran liegen, dass er sein Rezept mit knackigen Nüssen und getrockneten Früchten verfeinert. Perfekt für ein Picknick im Frühling!

**PORTIONEN:** für 1 Kastenform | **ZUBEREITUNG:** 1 Std. 10 Min.

## Zubereitung:

- Den Backofen auf 175 °C (Umluft) vorheizen. Die Bananen schälen und mit dem Stabmixer glatt pürieren. Butter und Zucker mit den Quirlen des Handrührgeräts schaumig rühren. Nach und nach die Eier einzeln unterrühren. Danach das Vanillemark hinzufügen und alles zu einer glatten Creme verrühren. Das Bananenpüree untermischen.

- Mehl, Backpulver und 1 Prise Salz vermischen, am besten vorher durchsieben. Walnuss- und Haselnusskerne grob hacken und mit der Mehlmischung und der Milch unter den Teig heben. Die Kastenform mit etwas weicher Butter einfetten. Den Teig in die Kastenform füllen und das Brot im vorgeheizten Ofen auf der mittleren Schiene 1 Stunde backen.

- Zum Glasieren die Erdnussbutter mit 2 EL heißem Wasser und Puderzucker verrühren, bis eine glatte Glasur entsteht. Sobald das Bananenbrot fertig ist, auskühlen lassen, dann vorsichtig aus der Form heben und auf einem Kuchengitter vollständig auskühlen lassen. Mit der Glasur bestreichen und mit getrockneten Cranberries, Aprikosen und nach Belieben einigen Nüssen dekorieren.

## Zutaten:

3 reife Bananen
125 g weiche Butter
3 EL brauner Zucker
2 Eier (Gr. M)
Mark von 1 Vanilleschote
250 g Mehl
1 Päckchen Backpulver
Salz
1 Handvoll Walnusskerne
1 Handvoll Haselnusskerne
2 EL Milch
etwas weiche Butter zum Einfetten
1 EL Erdnussbutter
50 g Puderzucker
50 g getrocknete Cranberries
50 g getrocknete Aprikosen

BRUNCH

# Tofu-Rührei

Den Sonntagsbrunch perfektionieren, vegan und mit Ideen aus der ganzen Welt, darum geht es Victoria Rentrop. Trotz „richtiger Rheinseite" ist ihr die Heimatstadt Bonn oft zu langweilig. Wenn sie reist, dann gern allein, im Vertrauen darauf, dass alles Gute zu einem zurückkommt. „Als ich in Laos mal einem Fremden meine SIM-Karte geschenkt hatte und anschließend ohne einen Cent in der Tasche in Kambodscha ankam, zahlte jemand für mein Taxi. Alles ist ein Geben und Nehmen." Zur veganen Ernährung ist sie ausgerechnet in England gekommen. Nicht etwa als Erasmus-Studentin in den Szenevierteln Londons, sondern während eines Schulaustauschjahrs. Eine Entscheidung, die letztlich auch zu ihrer Selbstständigkeit führte. Obwohl Rentrop nicht darauf besteht, sich immer und überall komplett vegan zu ernähren, – #nojudgement – ist das Essensthema zu Hause „ein bisschen kompliziert". Wenn sie dort einen Brunch vorbereitet, muss sie auf diverse Unverträglichkeiten achten. Gar nicht so einfach, doch für die selbst erklärte Frühstücksspezialistin kein Problem. Statt Eggs and Baked Beans gibt es Rührei auf Tofubasis, verfeinert mit Kala-Namak-Salz.

## Zubereitung:

- Die Zwiebel schälen und klein schneiden. Das Öl in einer Pfanne erhitzen und die Zwiebel darin andünsten.

- Den Tofu mit einer Gabel zerpflücken und in die Pfanne geben. Mit Kurkuma, Salz, Pfeffer und Paprika würzen. Verrühren und etwa 5 Minuten braten.

- Den Tofu nach Belieben mit Avocado und Tomate auf 1 Brotscheibe anrichten.

### TIPP:
*In einer gut beschichteten Pfanne ist es leichter, den Tofu zu braten. Kala Namak ist ein Schwefelsalz, das für einen Eigeschmack sorgt (siehe Tipp S. 30).*

**PORTIONEN:** 2 | **ZUBEREITUNG:** 10 Min.

## Zutaten:

½ Zwiebel
1 TL Öl
300 g Tofu
Kurkumapulver
Salz (normales Salz oder Kala Namak; siehe Tipp)
Pfeffer
Paprikapulver

BRUNCH

**Oh my gut!** *www.ohmygut.de*

# Blumen-Kurkuma-Focaccia

Fast zu schön zum Essen ist diese Focaccia mit Kurkuma und sommerlichen Kräutern. Aus Tomaten, Oliven und Basilikumblättern zaubert Adrienne Tonner (siehe auch S. 50) ein buntes Blumenmuster auf den italienischen Fladen. Zusammen mit einem Salat wird daraus auch ein leichtes Hauptgericht. Am besten ofenwarm genießen.

## Zubereitung:

**PORTIONEN:** 3–4 | **ZUBEREITUNG:** 45 Min. + 1 Std. 15 Min. Gehzeit

- Die Trockenhefe und den Universal-Mehlmix in einer großen Schüssel mischen. Salz, Kurkuma und Oregano hinzufügen und vermischen.

- Yacon-Sirup, 3 EL Olivenöl und 300 ml lauwarmes Wasser in einer Schüssel verrühren und zu der Mehlmischung geben. Alles gut mit den Knethaken des Handrührgeräts zu einem feuchten Teig verkneten. Den Teig mit einem Küchentuch zugedeckt an einem warmen Ort 1 Stunde gehen lassen.

- Ein Backblech mit Backpapier belegen und den Teig drauf verteilen. Mit bemehlten Händen einen länglichen Foccaciateig daraus formen (etwa 20 × 30 cm). Der Teig sollte etwa 1 bis 2 cm hoch sein.

- Tomaten und Basilikum waschen. Tomaten und Oliven halbieren. Rosmarin und Thymian waschen und trocken schütteln. Kräuter, Tomaten und Oliven so auf dem Teig drapieren, dass daraus das Bild einer Blumenwiese entsteht. Aus Rosmarin und Thymian werden Blumenstiele und Gräser, aus Tomaten und Oliven Blumen und deren Blätter aus Basilikum. Alle Zutaten dabei leicht in den Focacciateig drücken.

- Mit dem Finger in kleinen Abständen sanft kleine Löcher in den Teig drücken und mit 1 bis 2 EL Olivenöl bestreichen. Meersalz aus der Mühle über den ganzen Teig mahlen.

- Den Teig erneut 15 Minuten an einem warmen Ort gehen lassen. In der Zwischenzeit den Backofen auf 180 °C (Umluft) vorheizen.

Die Focaccia im Ofen 20 bis 30 Minuten backen. Wenn sie außen goldbraun und kross und innen fluffig ist, ist sie fertig. Am besten frisch und warm genießen.

**TIPP:**
*Wer keine Probleme mit Gluten hat, kann auch ein anderes Mehl verwenden. Am besten Vollkornmehl und helles Mehl im Verhältnis 1:1 verwenden.*

**BRUNCH**

## Zutaten:

1 Päckchen Trockenhefe
400 g Universal-Mehlmix (glutenfrei; hierbei handelt es sich um eine Mischung aus Mais-, Hirsevollkorn- und Vollkornreismehl)
1 ½ TL Salz
1 TL Kurkumapulver
1 TL Oregano
1 EL Yacon-Sirup
5 EL Olivenöl
6–8 Cocktailtomaten

8–10 Basilikumblätter
5–6 Oliven (ohne Kern)
4 Zweige Rosmarin
4 Zweige Thymian
grobes Meersalz aus der Mühle

**Nom Noms food**   *www.nom-noms.de*

# Cremiger Spinat-Ziegenkäse-Hummus mit fluffigen Spinat-Pita-Broten aus der Pfanne

Manche Frauen verschwenden ihr Geld für Olivenöl, Jana Nörenberg für Senf. „Feigen-Senf, Weintrauben-Senf, Balsamico-Senf… Wenn es eine neue Sorte gibt, muss ich sie haben." Die Bloggerin glaubt, den Ursprung dieser Sucht zu kennen: „Meine Oma mütterlicherseits stammt aus Sachsen. Bei meinen Besuchen gab es immer herrliche Suppen und Eintöpfe, frische Erbsenschoten aus dem Garten, die wir am Küchentisch zusammen gepult und gegessen haben, sowie Obststreuselkuchen, Bienenstich und Russischen Zupfkuchen." Besonders in Erinnerung sei ihr allerdings Omas Senfei geblieben. Senffrei, dafür genauso vielseitig, ist Nörenbergs Hummus, den sie hier mit Spinat und Ziegenkäse verfeinert. Dazu reicht sie Pita-Brote aus der Pfanne.

## Zubereitung:

**PORTIONEN:** 4 | **ZUBEREITUNG:** 40 Min. + 40 Min. Gehzeit

- Für den Hummus den Spinat putzen, waschen, abtropfen lassen und grob hacken. Einige Spinatblätter für die Deko beiseitelegen. Den restlichen Spinat tropfnass in einer Pfanne dünsten, bis er zusammengefallen ist. Abkühlen lassen und das Wasser ausdrücken.

- Kichererbsen in ein Sieb abgießen, Aquafaba auffangen. Einige Kichererbsen für die Deko beiseitestellen. Knoblauch schälen, mit Zitronensaft und Salz im Mixer zerkleinern. Tahini dazugeben und gründlich pürieren. Langsam das kalte Wasser und Aquafaba dazugeben und weitermixen, bis eine fluffige Masse entsteht. Dann Kichererbsen, Olivenöl und Kreuzkümmel hinzufügen, alles mindestens 3 Minuten mixen, bis ein sehr cremiger, feiner Hummus entsteht.

- Spinat sowie Ziegenfrischkäse nach Belieben hinzufügen, alles noch einmal gut durchmixen. Mit Salz und Zitronensaft abschmecken. Ist der Spinat-Hummus zu dick, noch etwas kaltes Wasser nachgießen. Den Hummus in eine Schüssel füllen, mit gehacktem Spinat, Kichererbsen, Sesamsamen und Olivenöl garnieren.

- Für die Brote den Spinat putzen, waschen, grob hacken und mit etwa 2 l Wasser in einer Pfanne dünsten. Abkühlen lassen und das Wasser ausdrücken. Lauwarmes Wasser, Mehl, Zucker, Salz, Olivenöl und Hefe in eine mittelgroße Schüssel geben, dann zügig von Hand oder mit den Knethaken des Handrührgeräts zu einem glatten Teig verarbeiten. Den Spinat unterkneten. Meist muss noch etwas Mehl eingeknetet werden, da der Teig leicht klebrig wird. Die Schüssel abdecken und den Teig an einem warmen Ort 30 Minuten gehen lassen.

- Etwas Mehl auf die Arbeitsfläche streuen, den Teig darauf kräftig durchkneten, dann zu einer länglichen Rolle formen und in 4 gleich große Stücke teilen. Ein Backblech mit etwas Mehl bestäuben. Die Teigstücke zu Kugeln formen und flach drücken. Auf das bemehlte Blech geben und noch einmal mit einem Küchentuch zugedeckt 10 Minuten gehen lassen. Danach mit etwas Olivenöl bestreichen.

- Eine größere Pfanne dünn mit Olivenöl bestreichen und heiß werden lassen. Die Hitze auf die Hälfte herunterschalten. Je 2 Teiglinge mit der eingeölten Seite in die Pfanne geben. Die andere Seite der Teiglinge ebenfalls einölen. 2 bis 3 Minuten goldbraun backen, umdrehen und die andere Seite ebenfalls backen. Die fertigen Brote zusammen mit dem Hummus servieren.

BRUNCH

## Zutaten:

**Für den Hummus:**
100 g frischer (Baby-)Spinat
1 Dose Kichererbsen (265 g Abtropfgewicht)
1 Knoblauchzehe
Saft von 1 Bio-Zitrone
½ TL Salz
120 g ungesalzenes Tahini (Sesampaste)
100 ml eiskaltes Wasser

2 EL Olivenöl
½ TL gemahlender Kreuzkümmel
50 g Ziegenfrischkäse (nach Belieben)
Sesamsamen

**Für die Brote:**
50 g frischer (Baby-)Spinat
125 ml lauwarmes Wasser
150 g Dinkelmehl (Type 630)

1 gestr. TL Zucker
½ gestr. TL Salz
2 TL Olivenöl
3 g Trockenhefe (½ Päckchen)
etwas Dinkelmehl zum Bearbeiten
etwas Olivenöl zum Bestreichen der Teiglinge

**Kaleidoscopic Kitchen**  www.kaleidoscopic-kitchen.com

# Skyrcreme mit French-Toast-Croûtons und Erdbeeren

Manchmal kann es so einfach sein: Beeren pflücken, in den Mund stecken und genießen. Vielleicht noch einen Löffel Crème fraîche dazu. Mit solchen schnellen Nachtischen kennt sich Rebekka Mädler aus. Am liebsten nutzt sie dafür Zutaten aus dem eigenen Garten. „Mein Vater hatte früher, genau wie meine Großeltern, riesige Erdbeerbeete", erinnert sich die Bloggerin. „Nach der Ernte haben wir die Früchte zusammen eingekocht oder etwas damit gebacken." Aufgewachsen ist sie im Erzgebirge, wo sie heute wieder lebt. Nicht zuletzt, weil sich dort die familiengeführte Tischlerei befindet, in der sie für den Entwurf von Apotheken zuständig ist. Ihr Blog Kaleidoscopic Kitchen ist da ein willkommener Ausgleich. Beim Kochen ist ihr Bodenständigkeit wichtiger als zwanghaftes Experimentieren. Noch lieber bereitet sie allerdings Süßspeisen zu. So wie diese Skyrcreme mit knusprigen French-Toast-Croûtons und frischen Erdbeeren.

## Zubereitung:

**PORTIONEN:** 2 | **ZUBEREITUNG:** 30 Min.

- Die Erdbeeren waschen, putzen, in Würfel schneiden und beiseitestellen.

- Den Skyr mit Zitronensaft, 4 EL Milch, 2 EL Zucker und Vanille-Butter-Aroma zu einer Creme glatt rühren und beiseitestellen.

- Das Weißbrot zu Croûtons würfeln. Ei, 4 EL Milch, ½ EL Zucker und Zimt nach Geschmack verquirlen. Die Croûtons zur Ei-Mischung geben und unterheben, bis das Brot die Flüssigkeit aufgesogen hat. Das Rapsöl in einer beschichteten Pfanne erhitzen. Croûtons darin knusprig anbraten.

- Zwei Gläser schichtweise mit Erdbeeren, Croûtons und Creme füllen. Dabei mit der Creme beginnen und abschließen. Einige Erdbeerwürfel beiseitelegen. Zum Schluss alles mit gehackten Pistazien und Erdbeerwürfeln bestreuen.

### Zutaten:

200 g frische Erdbeeren
400 g Skyr
1 TL Zitronensaft
8 EL Milch
2 ½ EL Zucker
¼ Fläschchen Vanille-Butter-Aroma
2 Scheiben Weiß- oder Toastbrot (alternativ 1 Brötchen; etwa 45 g)
1 Ei (Gr. M)
Zimtpulver (nach Geschmack)
2 TL Rapsöl
2 TL gehackte Pistazien

BRUNCH

**Schokoladenpfeffer**    www.schokoladenpfeffer.com

# Grießschmarren mit Mirabellenröster aus dem Ofen

Ob Großbritannien sein Schüsseltrauma überwunden hat? Als Meghan Markle und Prinz Harry einen Teil ihres Hochzeitsessens daraus servieren ließen, waren so einige Hüter der Etikette indigniert. „Nur Hunde essen aus Schüsseln", spottete etwa William Hanson, Kolumnist für royale Themen auf Dailymail Online. Mit dieser Meinung steht Hanson recht einsam da. Derzeit wandert nämlich so ziemlich alles in Bowls, von Suppen über Açai-Müslis und Smoothies bis hin zum hawaiianischen Nationalgericht, der Poké-Bowl. Bei Hannah-Lena Arnet auch Linsen mit Spätzle. Aufgewachsen ist sie im Schwarzwald, mit den handgeschabten Spätzle ihrer Mutter und dem Steinpilzrisotto ihres Vaters, dessen Geheimzutat sie gern weitergibt: „Wenn man am Ende ein wenig geschlagene Sahne unterhebt, wird es extra sämig." Nachdem sie als Personalreferentin einige Zeit in Stuttgart gelebt hat, ist Arnet mit ihrem Mann vor Kurzem wieder zurück in den Schwarzwald gezogen und führt nun, wie sie sagt, „wieder ein richtiges Dorfleben". Der Name ihres Blogs Schokoladenpfeffer verweist auf eine Zutat, der sie verfallen ist, und nein, es ist nicht die Schokolade. „Ich liebe es, aus Schüsseln zu essen, weil sie sich je nach Mahl- oder Tageszeit individuell befüllen lassen", erklärt die Bloggerin. Zum Sonntagsbrunch gern auch mal mit Grießschmarren und Mirabellenröster. Alternativ lässt der sich auch wunderbar direkt aus der Pfanne naschen. Es schaut ja gerade kein britischer Stilexperte zu.

## Zubereitung:

**PORTIONEN:** 2–3 | **ZUBEREITUNG:** 45 Min.

- Für den Mirabellenröster den Backofen auf 180 °C (Ober-/Unterhitze) vorheizen. Die Mirabellen waschen, halbieren und entsteinen. In einen großen gusseisernen Topf oder eine Auflaufform geben. Mit dem Honig und etwas Tonkabohnenschale vermengen.

- Die Mirabellen im vorgeheizten Ofen etwa 30 Minuten rösten. Sie sollten weich sein und im eigenen Saft schwimmen. Herausnehmen, in heiß ausgespülte, sterilisierte Gläser füllen und abkühlen lassen.

- Für den Grießschmarren die Milch aufkochen. Den Grieß einrieseln lassen und nach Packungsanweisung zu einem dicken Brei kochen. Einige Minuten quellen lassen. 1 EL Kokosöl zerlassen und mit Quark, Eiern, Honig und etwas Zitronenschale gründlich unter den Grießbrei rühren.

- Das restliche Kokosöl in einer Pfanne zerlassen. Die Grießmasse mit einem Esslöffel portionsweise in die heiße Pfanne geben. Einige Minuten bei mittlerer Hitze backen, bis die Unterseite goldbraun ist. Vorsichtig wenden und von der anderen Seite ebenfalls einige Minuten backen. Den Schmarren mit zwei Pfannenwendern vorsichtig zerreißen. Von allen Seiten braten, bis er goldbraun ist.

- Den Grießschmarren auf Tellern anrichten, mit Puderzucker bestäuben und das Mirabellenkompott dazu reichen.

**TIPP:**

*Man kann den Mirabellenröster auch im Ofen schmoren, so wird er sogar noch aromatischer. Dazu die Mirabellen ungefähr 1 ½ bis 2 Stunden bei 120 °C im Backofen garen.*

BRUNCH

## Zutaten:

**Für den Mirabellenröster:**
500 g Mirabellen
2 EL Honig
etwas geriebene Tonkabohne

**Für den Grießschmarren:**
400 ml Milch (oder Haferdrink)
80 g Grieß (z. B. Hirsegrieß)
3 EL Kokosöl (oder Butter)
1 EL Quark
2 Eier (Gr. S)

1 EL Honig
etwas abgeriebene Bio-Zitronenschale
Puderzucker zum Bestäuben

# Feigenragout-Bruschetta mit Ziegenfrischkäse und Coppa

Deutschland ist nicht Italien, der Niederrhein nicht die Adria vor Rimini, und trotzdem fühlen sich Theres und Benjamin Pluppins dort ausgesprochen wohl. Sie ist von Beruf Lehrerin, er Produktmanager. Kennengelernt haben sie sich 2012 im Internet. „In gewisser Weise prägt das World Wide Web unser ganzes Leben", bemerkt Benjamin Pluppins mit Blick auf den gemeinsamen Foodblog. Auf Gerne kochen teilen er und seine Frau jene Rezepte, die sie in ihrer Rheinberger Küche zubereiten. Während er gern einmal mit Tim Mälzer kochen würde, träumt sie davon, einer italienischen Nonna über die Schulter zu schauen. Ihr Rezept für Bruschetta mit Feigenragout, Ziegenfrischkäse und Coppa holt den Sommer auf den Teller, auch oder gerade wenn draußen die deutschen Regenwolken mal wieder Ciao sagen.

## Zubereitung:

**PORTIONEN:** 6 | **ZUBEREITUNG:** 30 Min.

- Die Coppa oder deb Schinken in einer Pfanne ohne Fett auslassen und auf einem mit Küchenpapier ausgelegten Teller abtropfen lassen.

- Die Schalotte schälen und wie die Feigen vierteln. Beides in Scheiben schneiden. Die Ciabatta in 1 bis 2 cm dicke Scheiben schneiden.

- Den Zucker in einer Pfanne leicht karamellisieren. Feigen und Schalotte hineingeben und gut verrühren. Mit dem Essig ablöschen und leicht einkochen lassen. Die Temperatur herunterschalten und den Fond dazugeben. Bei schwacher Hitze leicht köcheln lassen, bis eine sämige Konsistenz entsteht. Mit Salz und Pfeffer würzen.

- Das Butterschmalz in eine heiße Pfanne geben und die Ciabatta darin anrösten. Den Frischkäse auf den Broten verteilen, jeweils etwas Feigenragout daraufgeben und mit Schinken belegen.

### Zutaten:

6 Scheiben Coppa oder Schinken
1 Schalotte
4 frische Feigen
1 Ciabatta (möglichst schmal/dünn)
3 TL brauner Zucker
4 EL Rotweinessig
30 ml Gemüsefond
Salz
Pfeffer
2 EL Butterschmalz
150 g Ziegenfrischkäse

BRUNCH

# Mittagessen

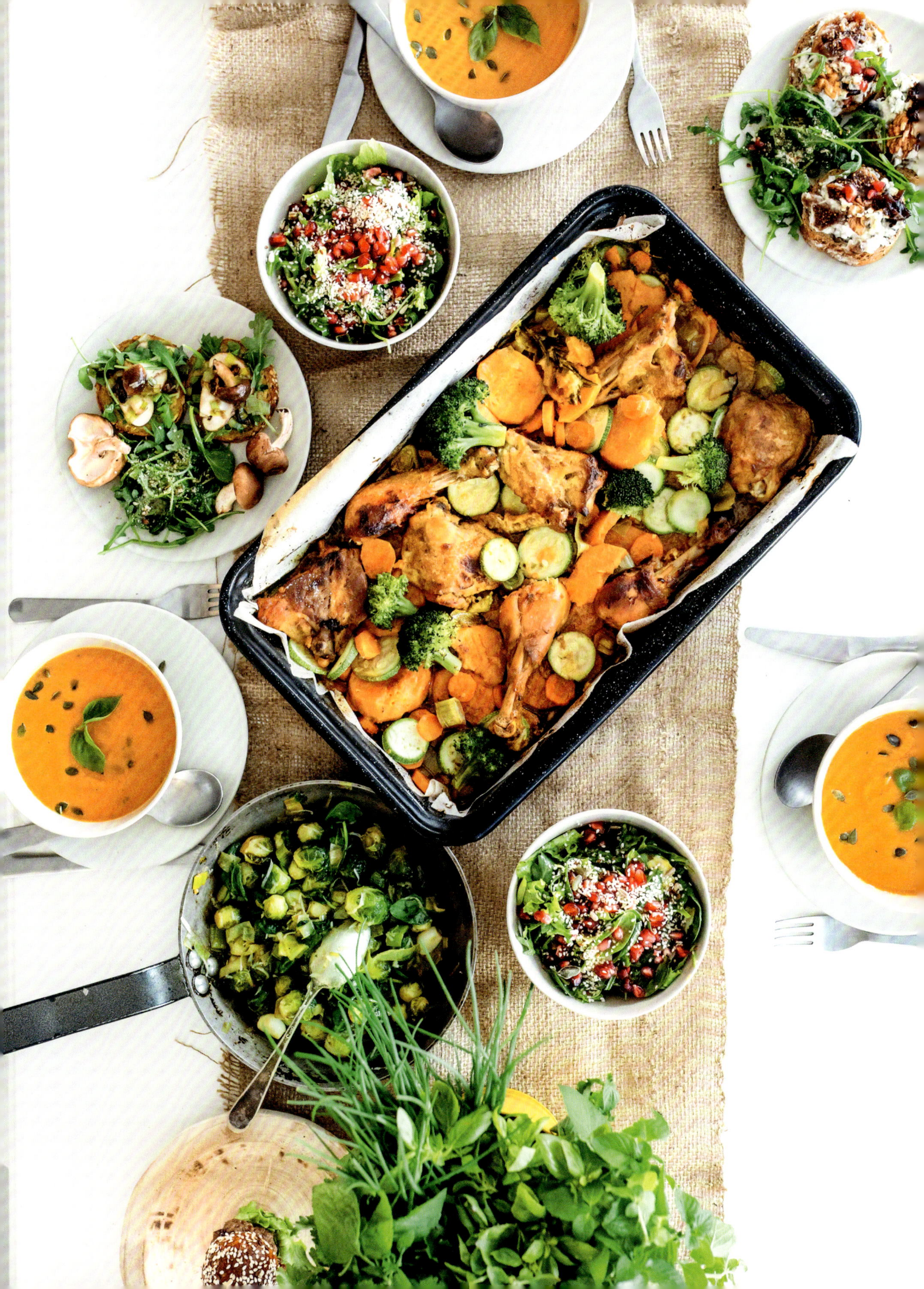

# Südtiroler Speckknödel mit Rindsgulasch

Es kursiert so viel unnützes Wissen an deutschen Schulen. Haben wir jemals wieder den Satz des Pythagoras gebraucht, die Grundlagen der Fotosynthese oder die Details über den Dreißigjährigen Krieg? Andere lebensnahe Dinge dagegen bleiben oft außen vor, Kochen beispielsweise. Dabei gehört das Wissen über gesunde und nachhaltig produzierte Ernährung und deren Zubereitung zu den wichtigsten Fähigkeiten im Repertoire jedes jungen Menschen. Dem stimmt auch die in Westfalen geborene Genevieve Wiehe zu, wenn sie von ihrem lang zurückliegenden Hauswirtschaftsunterricht erzählt. „Abgesehen von dem, was meine Mutter und Großmutter mir beigebracht haben, kommt von dort ein Großteil meines Wissens." Ihre Speckknödel wiederum sind von einem Südtirolurlaub inspiriert. Viele wichtige Lebenserkenntnisse gewinnt man nämlich nicht auf einer Schulbank, sondern auf Reisen.

## Zubereitung:

**PORTIONEN:** 4 | **ZUBEREITUNG:** 3 Std. 45 Min.

- Für die Knödel das Brot in kleine Stücke schneiden und in eine Schüssel geben. Schnittlauch und Petersilie waschen, trocken schütteln, fein hacken und zu den Brotstücken in die Schüssel geben.

- Die Zwiebel schälen, fein schneiden und mit Eiern, Mehl und Milch ebenfalls in die Schüssel geben. Mit Salz und Pfeffer würzen. Den Speck würfeln und in etwas Öl in einer Pfanne von allen Seiten anbraten. Die angebratenen Speckwürfel ohne das Fett zu den anderen Zutaten geben und alles gut mit den Händen zu einem Teig vermengen. Ist der Knödelteig noch zu klebrig oder feucht, etwas mehr Brot hinzufügen. Auf zusätzliches Mehl lieber verzichten, da die Knödel ansonsten sehr fest und hart werden.

- Aus dem Teig mit angefeuchteten Händen 8 kleine Knödel formen. Die Knödel in heißes Wasser geben und 10 bis 15 Minuten ziehen, aber nicht kochen lassen.

- Für das Gulasch das Fleisch in einem großen Topf in etwas Öl gut anbraten. Die Zwiebeln schälen und in feine Würfel schneiden. In einer kleinen Pfanne glasig dünsten und das Tomatenmark dazugeben und verrühren. Die Zwiebeln mit dem Tomatenmark zum Fleisch in den Topf geben.

- Das Fleisch mit dem Rotwein ablöschen und kurz köcheln lassen. Den Rinderfond hinzugeben und mit den Gewürzen abschmecken. Das Gulasch bei schwacher Hitze mindestens 3 Stunden köcheln lassen. Zwischendurch immer mal wieder umrühren.

- Zum Anrichten das Gulasch auf Teller verteilen und jeweils 2 Knödel daraufsetzen. Nach Belieben mit gehackter Petersilie bestreuen.

### TIPP:

*Knödel stehen in Südtirol auch als Vorspeise auf der Karte. Sie lassen sich nach Belieben mit Kräutern und anderen Zutaten abwandeln. Der Knödelteig ist in etwa 30 Minuten fertig und mit etwas Übung sind die Knödel dann auch schon gerollt und bereit für das Wasserbad. Zum Servieren die Knödel mit etwas zerlassener Butter begießen und Parmesan darüberhobeln. Wenn man den Teig übrigens nicht zu einer runden Kugel formt, sondern ihm eine ovale Form gibt, nennt man den Knödel Nocke.*

MITTAGESSEN

## Zutaten:

**Für die Knödel:**

300 g altbackene Semmeln oder Weißbrot
1 Handvoll Petersilie und Schnittlauch
1 Zwiebel
2 Eier (Gr. M)
2 EL Weizenmehl
180 ml Milch
Salz
Pfeffer
60 g Südtiroler Speck
Öl

**Für das Gulasch:**

1 kg Rindergulasch
Öl
2 große Zwiebeln
1 EL Tomatenmark
4 Gläser trockener Rotwein
½ l Rinderfond
2 Lorbeerblätter
getrockneter Majoran
Salz, Pfeffer
Paprikapulver
Petersilie zum Garnieren

**Vegane Vibes**  www.veganevibes.de

# Seitanburger (für den Grill)

Seit einer Geschäftsreise nach San Diego, bei der eine Woche lang vegan gekocht wurde, hat die damals in der Kosmetikbranche tätige Caroline Pritschet ihre Ernährung komplett umgestellt. „Verrückt, wie viel Energie ich in dieser Woche hatte, trotz Jetlag. Ich war regelrecht verliebt – nicht in den Koch, sondern in diese Art zu essen." Zurück in ihrer Heimat, einem Dorf unweit von Regensburg, begann sie zu experimentieren. Mit ihrem Blog Vegane Vibes möchte sie zeigen, wie vielfältig eine pflanzliche Ernährung sein kann. Auf einer Grillparty beispielsweise muss sich niemand ausgeschlossen fühlen, der auf Fleisch verzichtet. Der einen ihre Rostbratwurst, dem anderen sein Seitanburger. Hauptsache, die Vibes stimmen!

## Zubereitung:

**PORTIONEN:** 6 Patties | **ZUBEREITUNG:** 1 Std. 30 Min.

- Für die Burger die Steinpilze in eine Schüssel geben und mit der heißen Brühe übergießen, etwa 5 Minuten ziehen lassen. Zwiebel und Knoblauch schälen und fein hacken. Öl in einer Pfanne erhitzen, Zwiebel und Knoblauch hineingeben und 5 bis 7 Minuten darin andünsten. Anschließend beiseitestellen. Die Chilischoten putzen, waschen, entkernen und klein schneiden.

- Steinpilze, Brühe, Zwiebel, Knoblauch, Chili, schwarze Bohnen, Tomatenmark, Balsamico, Tamari, Paprikapulver, italienische Kräuter, 1 TL Salz und Pfeffer mit dem Mixer einmal auf höchster Stufe mixen, bis eine glatte Masse entstanden ist.

- Die Masse in eine große Schüssel geben, Seitanpulver, Kichererbsenmehl und Nährhefeflocken dazugeben. Mit sauberen Händen zu einem glatten Teig kneten. 10 Minuten mit den Händen oder in der Küchenmaschine mit Knethaken weiterkneten, bis der Teig eine zähe Konsistenz hat. Kurz ruhen lassen.

- Für die Brühe die Knoblauchzehen schälen und mit der Brühe in einem Topf aufkochen.

- Die Seitanmasse in 6 gleich große Portionen teilen und mit der Hand zu Burger-Patties formen. Hier ist etwas Fingerspitzengefühl gefragt, weil Seitan schwer zu formen ist. Alternativ die Masse etwa 2 cm dick mit einem Teigroller ausrollen und mit dem Messer in der gewünschten Größe ausschneiden. Reste z. B. als Suppeneinlage oder „Dönerfleisch" verwenden.

- Die fertigen Patties in die Brühe geben und bei mittlerer Hitze zugedeckt 55 Minuten köcheln lassen. Wichtig: Nicht zu stark kochen. Herausnehmen und auf einen Teller legen.

- Die Patties auf den heißen Grill legen und auf jeder Seite 3 bis 4 Minuten grillen. Nach Belieben veganen Käse darauf schmelzen lassen. Die Patties zwischen Burger-Buns mit Toppings nach Wahl anrichten.

### TIPP:
*Die Patties halten sich bis zu 3 Tage luftdicht verschlossen im Kühlschrank oder eingefroren bis zu 2 Monate im Gefrierschrank.*

**MITTAGESSEN**

## Zutaten:

**Für die Burger:**
3 EL getrocknete Steinpilze
(nach Belieben)
300 ml heiße Gemüsebrühe
(am besten bio)
1 mittelgroße rote Zwiebel (etwa 110 g)
2 Knoblauchzehen
1 EL Bratöl (oder ein anderes
hoch erhitzbares Öl)
1–2 scharfe Chilischoten
(z. B. Bird's Eye Chili)
50 g schwarze Bohnen

3 EL Tomatenmark
1 EL Aceto balsamico
1 EL Tamari
1 TL geräuchertes Paprikapulver
2 TL getrocknete italienische Kräuter
(oder Oregano, Basilikum, Salbei
und Rosmarin zu gleichen Teilen)
Salz
schwarzer Pfeffer (nach Belieben)
250 g Seitanpulver
50 g Kichererbsenmehl
1 EL Nährhefeflocken

**Für die Brühe:**
3 Knoblauchzehen
1 l Gemüsebrühe (am besten bio)

**Zum Servieren:**
Burger-Buns nach Belieben
vegane Käsescheiben
rote Zwiebel (in Ringe geschnitten)
Romanasalat
vegane Mayonnaise
BBQ-Sauce

**Brotschwester**    *www.brotschwester.com*

# Sauerteig-Pizza

„Liebesg'schichten über Sauerteig erzählen" möchte Eva Schatz. Das Brotbacken hat sie schon vor einigen Jahren für sich entdeckt, aber erst seit dem Frühjahr 2020 gibt es Brotschwester. Die Arbeit an ihrem Blog bildet für die Salzburgerin einen angenehmen Ausgleich zu ihrem Job als Tätowiererin und Illustratorin, außerdem eine Möglichkeit, sich selbst und Freunden etwas Gutes zu tun. „Ich liebe es, Leute zum Essen einzuladen, am liebsten würde ich dann ein Fünf-Gänge-Pizza-Menü mit Brotbegleitung und drei Desserts servieren. Leider sind nach der einen Pizza immer alle schon satt." Inspirieren lässt sich Schatz von Bäckern wie Chad Robertson von der Tartine Bakery in San Francisco, Richard Heart von der Heart Bageri in Kopenhagen und Sauerteigexperte Helmut Gragger aus Wien. Allen, wirklich allen rät sie, es selbst mal mit dem Backen zu versuchen. Am besten mit hochwertigem Bio-Mehl regionaler Erzeuger. „In Österreich gibt es so tolles, vollmundiges Mehl. Dafür gebe ich wirklich ziemlich viel Geld aus. Ich glaube, ich habe ein Mehlproblem."

## Zubereitung Tag 1:

**PORTIONEN:** für 4 Pizzen à 250 g | **ZUBEREITUNG:** 2 Tage, davon 24–48 Std. Gehzeit

- 12 Uhr: Für den Vorteig das lauwarme Wasser in ein Schraubglas geben, den Starter aus dem Kühlschrank holen und darin auflösen, dann Pizza- und Vollkornweizenmehl einrühren. Alles gut vermischen und zugedeckt etwa 2½ bis 4 Stunden gehen lassen (je nach Jahreszeit kann man den Teig im ausgeschalteten Backofen gehen lassen, dabei die Lampe einschalten). Mit einem Gummiband die Stelle markieren, wo der Teig gerade ist. Der Rest ist dann der neue Starter und kommt in einem Schraubglas in den Kühlschrank. Beim nächsten Backen die benötigte Menge für den Leaven abnehmen. In der kälteren Jahreszeit kann der Leaven auch 8 bis 10 Stunden über Nacht bei Zimmertemperatur reifen. Dazu eventuell den Starter-Anteil um 10 bis 20 g reduzieren, um mehr Zeit zu gewinnen.

- 15 Uhr: Um zu testen, ob der Leaven (Vorteig) reif ist, den „Float-Test" machen. Dafür 1 TL Leaven sachte in ein Glas Wasser geben. Schwimmt er oben, ist er reif und kann verwendet werden. Wenn er zu Boden sinkt, braucht er noch etwas Zeit. Fertiger Leaven hat auf der Oberseite Blasen, riecht ähnlich wie Joghurt und hat sich mindestens verdoppelt. Die Oberfläche ist uneben und „lebendig".

- Für den Teig das Wasser in eine große Schüssel geben und den Leaven darin auflösen. (Mit weniger

### Zutaten:

**Für den Leaven (Vorteig):**
100 ml Wasser (24–26 °C)
50 g Starter (siehe Kasten S. 74)
70 g Pizzamehl (Tipo 00)
30 g Vollkornweizenmehl

**Für den Teig**
280–320 g Wasser (24–26 °C)
200 g fertiger Leaven
455 g Pizzamehl (Tipo 00 oder 0)
20 g Vollkornweizenmehl
25 g Semola (ital. Hartweizengrieß)
17–20 g Meersalz

MITTAGESSEN

Wasser beginnen und je nachdem, wie viel Wasser das Mehl aufnehmen kann, beim Kneten noch mehr hinzufügen.) Pizza- und Vollkornmehl sowie Semola hinzufügen. Das Salz daraufstreuen. Salz und Leaven sollten, wenn möglich, nicht direkt aufeinandertreffen, da Salz die Triebkraft des Leavens hemmt. Alles gründlich mit den Händen vermischen und die Ränder gut abkratzen. Mit einer Duschhaube bedecken und 10 Minuten bei 24 bis 26 °C ruhen lassen.

- Ab jetzt beginnt die 3- bis 5-stündige Stockgare. Den Teig entweder in der Küchenmaschine 10 Minuten langsam kneten, danach 5 Minuten ruhen lassen und nochmal 10 Minuten schnell kneten. Alternativ den Teig auf eine befeuchtete Arbeitsfläche legen. Beide Hände seitlich drehen, den Teig nach oben ziehen und mit einem Schwung auf die Arbeitsfläche klatschen. Zum Bauch hin ziehen, dann die Hände wieder 90 Grad drehen und von vorn beginnen. Diese Technik nennt sich „Stretch & Fold" und braucht etwa 10 bis 12 Minuten.

- Eine Auflaufform mit 1 TL Olivenöl bestreichen (auch die Ränder). Den Teig hineingeben und 30 Minuten im kalten Backofen nur mit angeschaltetem Licht (max. 26 °C) ruhen lassen. Die Schüssel aus dem Ofen nehmen und den Teig mit beiden Händen in der Mitte nach oben ziehen, sodass sich die anderen beiden Enden wie eine Spule einwickeln. Danach die Form um 90 Grad drehen und noch einmal aufheben und eindrehen. Dann wieder in den Ofen stellen. Den Teig erneut 30 Minuten im Backofen (nur mit angeschlatetem Licht) stehen lassen.

- Die Schüssel aus dem Ofen nehmen und den Teig erneut mit beiden Händen in der Mitte nach oben ziehen und wie zuvor einen sogenannten „Coil-Fold" durchführen und danach wieder 30 Minuten ruhen lassen. Diese Prodzedur in den ersten 2 Stunden ab dem Kneten viermal wiederholen. Je nach Raumtemperatur den Teig danach noch zwischen 1 ½ und 2 ½ Stunden bei 24 bis 26 °C gehen lassen, bis sich das Teigvolumen verdoppelt hat.

- Die Arbeitsfläche mit wenig Wasser befeuchten und den Teig aus der Schüssel gleiten lassen, dabei nicht zu viel ziehen oder drücken. Mit der Teigkarte und einer Waage in 4 Teiglinge à 250 g oder 5 Teiglinge à 200 Gramm teilen. Die Teiglinge mit einer feuchten Teigkarte zu straffen Kugeln formen. Dazu erst alle Enden zwei-, dreimal rundherum nach oben zur Mitte ziehen, dann die Kugel umdrehen und mit den Fingern straff zum Körper hin ziehen. Alternativ so lange die Ecken zur Mitte hinziehen, bis ein fester Ball entsteht. Falls der Teig reißt, mit einem Küchentuch abgedeckt erneut 5 Minuten ruhen lassen. Die Teiglinge in die Auflaufform legen und 24 Stunden (max. 72 Stunden je nach Mehlsorte) zugedeckt im Kühlschrank ruhen lassen.

---

Für dieses Rezept wird ein aktiver Sauerteigstarter benötigt. Ein älterer Starter sollte am Vorabend noch mal gefüttert werden: 50 g Wasser, 25 g Starter, 25 g Weizenmehl und 25 g Weizenvollkornmehl vermischen und über Nacht bei Zimmertemperatur ruhen lassen. Falls kein Sauerteigstarter vorhanden ist, einen neuen Starter züchten (das dauert 10 bis 14 Tage) oder einen getrockneten Sauerteigstarter einkaufen und nach jeweiliger Anleitung füttern.

## Zubereitung Tag 2:

- 1 bis 1 ½ Stunden vor dem Verzehr der Pizza den Teig aus dem Kühlschrank nehmen und Zimmertemperatur annehmen lassen.

- Wird die Pizza in einem Gas- oder Holz-Pizzaofen gebacken, diesen je nach Außentemperatur 15 bis 30 Minuten auf 400 bis 500 °C vorheizen.

- Für den Haushaltsbackofen mit Pizzastein: Das Ofengitter auf die oberste Stufe schieben und den Pizzastein darauf mindestens 40 Minuten auf höchster Stufe (250 °C) mit Grillfunktion vorheizen. Die Einstellungen Grill und Umluft sind ideal zum Pizzabacken. Den Rand der Pizza mit etwas Olivenöl bestreichen und die Pizza ohne Käse schnell einschieben und je nach Größe und Ofen zwischen 8 und 10 Minuten vorbacken. 3 bis 4 Minuten vor Ende der Backzeit mit Käse belegen, dann fertig backen.

- Für den Haushaltsbackofen mit gusseiserner Pfanne/Topf: Den Backofen auf 250 °C vorheizen und die Pizza (ohne Käse) in der mit Olivenöl bestrichenen (feuerfesten) Pfanne am Herd belegen und backen, bis die Unterseite knusprig und aufgegangen ist. Danach mit Käse belegen, den Rand mit Olivenöl bestreichen und 4 bis 5 Minuten im Backofen knusprig braun backen.

- Ungefähr 3 Minuten bevor die Pizza in den Ofen kommt, die Teigbällchen zu Pizzen formen. Dazu etwas Semola auf die Teiglinge sieben. Falls die Bällchen in der Form etwas auseinandergelaufen sind, mit einem Pizzaspachtel trennen bzw. abstechen. Den Teigling vorsichtig auf die Arbeitsfläche in ein kleines Häufchen Semola legen und drei- bis viermal wenden (er sollte seine Form behalten). Den Teig mit beiden Händen von der Mitte des Teiglings mit allen Fingern in Richtung Rand schieben, dabei darauf achten, dass der Rand nicht flach gedrückt wird. Das Mehl auf der Arbeitsfläche beiseiteschieben und das restliche Mehl von der Pizza abschütteln, damit es im Ofen nicht verbrennt und die Pizza bitter schmecken lässt.

- Den Teig jetzt mit den Fingerknöcheln und beiden Händen rund in eine Pizzaform dehnen, ohne ihn zu zerreißen.

- Die fertig geformte Pizza auf eine mit ganz wenig Semola bestreute Pizzaschaufel legen, nach Lust und Laune belegen und wie vorher beschrieben backen.

*TIPP:*

*Die original neapolitanische Pizza wird mit einer Sauce aus San-Marzano-Tomaten zubereitet. Dazu die Tomaten in eine Schüssel geben und mit den Händen zerdrücken, etwas Meersalz dazugeben.*

**Anonyme Köche**    *www.anonymekoeche.net*

# Malloreddus mit geschmorter Lammschulter

Claudio Del Principe ist, so viel Wortwitz muss sein, ein Mann mit Prinzipien. Er kocht ausschließlich Rezepte aus dem Land, aus dem seine Eltern stammen, und sagt Sätze wie diese: „Manchmal kaufe ich einen Radicchio Castelfranco oder eine dicke Scheibe Pancetta nur, um mich in deren Anblick zu verlieren" oder „Ich forme Pasta, als wäre es eine Skulptur". Geprägt haben den Basler seine Gene und das „tröstende, erdende Essen" seiner Mutter, für deren Gnocchetti e fagioli, eine Borlotti-Bohnensuppe mit handgemachter Pasta, er „sterben würde". Del Principe ist Texter, Storyteller und Autor von bisher sieben Kochbüchern. Abgesehen davon tritt er als Referent auf, leitet Workshops für Pasta und Lievito Madre und betreibt seit 2007 den Blog Anonyme Köche. Was er sonst so macht? „Zutaten einkaufen, neue Zutaten entdecken, essen gehen, über Essen und Restaurants schreiben. Kochevents besuchen, Kochserien auf Netflix schauen, Kochbücher und kulinarische Magazine lesen, Erzeuger treffen. Meinen Sauerteig pflegen. Oder meine Messer schärfen."

## Zubereitung:

**PORTIONEN:** 4 | **ZUBEREITUNG:** 36 Std.

- Platterbsen mit kochendem Salzwasser übergießen und 24 Stunden einweichen (siehe Tipp).

- Am nächsten Tag Möhre, Sellerie, Zwiebel und Knoblauch schälen und klein schneiden. Die Cicerchie abbrausen. Das Gemüse zusammen mit den Cicerchie, dem Lorbeerblatt, den Tomaten und einigen Tropfen Olivenöl in 1 l Wasser kalt ansetzen. Einmal aufkochen und zugedeckt bei schwacher Hitze etwa 2 Stunden schmoren lassen. Mit Salz und Pfeffer würzen.

- Ebenfalls am Vortag die Lammschulter zubereiten. Vom Metzger je nach Größe des Bräters in 4 Stücke teilen lassen. Fleisch mit Salz und Pfeffer würzen. Das Gemüse putzen, schälen und grob zerkleinern. Das Fleisch wird nicht angebraten, sondern kommt mit Gemüse und Kräutern in den Bräter. Alles mit Wein und Olivenöl aufgießen. Den Backofen auf 150 °C (Ober-/Unterhitze) vorheizen.

- Aus dem Mehl und 300 ml Wasser einen Teig kneten, rund um den Deckel- und Topfrand legen und den Gusseisenbräter damit versiegeln, sodass kein Dampf austreten kann. Das Lammfleisch im vorgeheizten Ofen 7 Stunden garen.

- Für die Pasta den Grieß mit 150 ml lauwarmem Wasser verrühren, etwa 15 Minuten zu einem glatten, kompakten Teig kneten. Der Teig sollte sich trocken und hart anfühlen. Abdecken und mindestens 30 Minuten ruhen lassen.

- Den Teig in fingerdicke Rollen formen und in 1 cm lange Stücke schneiden. Diese mit Daumendruck über ein bemehltes Gnocchiholz drücken. Die Pasta im kochenden Salzwasser al dente kochen.

- Zum Servieren das Lammfleisch vom Knochen lösen und zerzupfen. Die Sauce durch ein Sieb passieren, nach Belieben noch etwas Wasser dazugeben. Fleisch (pro Person 100 g), Sauce und Platterbsen in eine Pfanne geben und bei mittlerer Hitze vermischen. Wenn die Gnocchi an der Oberfläche des Kochwassers schwimmen, mit einer Schöpfkelle herausnehmen und in die Pfanne geben. Etwas Pastawasser unterrühren. Alles auf Tellern anrichten.

**MITTAGESSEN**

## Zutaten:

**Für die Erbsen:**
100 g Platterbsen (Cicerchie)
1 Möhre
1 Selleriestange
1 Zwiebel
1 Knoblauchzehe
1 Lorbeerblatt
1 EL passierte Tomaten
Olivenöl
Salz und Pfeffer

**Für das Lamm:**
2 kg Lammschulter
Salz, Pfeffer
2–3 Zwiebeln
2–3 Möhren
1 Stück Knollensellerie oder 1 Stange Sellerie
1–2 Knoblauchknollen
1 Lorbeerblatt
½ Bund Petersilie
einige Thymianzweige
100–150 ml Weiß- oder Rotwein
100–150 ml Olivenöl
500 g Mehl

**Für die Pasta:**
300 g Hartweizengrieß

**TIPP:**

*Durch das Übergießen mit kochendem Wasser wird das in den Platterbsen toxische Alkaloid namens Lathyrin abgebaut, das in großen Mengen verzehrt zu Gesundheitsbeschwerden führen kann.*

77

**KochheldenTV**  *www.kochhelden.tv*

# Kürbis con Carne – Ofenkürbis mit Tex-Mex-Füllung

Seine Frau hat Jens Glatz bei einer Bloggerreise kennengelernt, genau genommen auf einem kanadischen Blaubeerfeld. „Bereits auf dem Heimflug haben wir entschieden, dass wir zusammenziehen, und drei Tage später stand Mirja, Betreiberin des Blogs Küchenchaotin (siehe S. 158), mit ihrem Kater Ernold vor meiner Tür." Kochhelden.TV heißt sein eigener Blog. Im Fokus stehen gesunde, zuckerfreie Gerichte mit wenig Kohlenhydraten. Aus dem ehemaligen Betriebswirt ist inzwischen ein Fitnesstrainer und Ernährungscoach geworden, zudem betreibt er gemeinsam mit seiner Frau eine Agentur für Foto, Film und Social Media. Für seinen Umgang mit Rezepten findet der gebürtige Thüringer eine schöne Metapher: „Es ist wie beim Wandern. Sich an die ungefähre Route zu halten kann sinnvoll sein, aber die schönsten Plätze sind meist die jenseits der ausgetretenen Pfade."

## Zubereitung:

**PORTIONEN:** 2 | **ZUBEREITUNG:** 1 Std. 5 Min.

- Den Backofen auf 180 °C (Ober-/Unterhitze) vorheizen. Ein Backblech mit Backpapier belegen.

- Den Kürbis waschen, halbieren und die Kerne und das Heu mit einem Esslöffel herauskratzen. Den Kürbis auf den Schnittkanten auf das Backblech legen und 1 Stunde im vorgeheizten Ofen backen.

- In der Zwischenzeit Zwiebel und Knoblauch schälen und würfeln. Paprika und Chili längs halbieren, entkernen, waschen und in Würfel schneiden.

- Das Öl erhitzen und die Zwiebel darin glasig anbraten. Paprika, Knoblauch, Chilischote und -pulver, Paprika- und Kümmelpulver dazugeben und vermischen. Das Hackfleisch hinzufügen und anbraten. Tomatenmark dazugeben, anbraten und vermischen. Mit Brühe auffüllen und köcheln lassen, bis die Brühe auf ein Drittel reduziert ist. Tomaten und Kidneybohnen hinzufügen und alles bei mittlerer Hitze etwa 10 Minuten köcheln lassen. Dabei gelegentlich umrühren.

- Den Kürbis aus dem Ofen nehmen und mit dem Chili füllen. Mit Nachos und saurer Sahne servieren.

### Zutaten:

1 kleiner Hokkaidokürbis
1 mittelgroße Zwiebel
2 Knoblauchzehen
1 rote Paprikaschote
1 rote Chilischote
1 EL Olivenöl
1 TL Chilipulver
1 TL geräuchertes Paprikapulver
½ TL gemahlener Kümmel
300 g Rinderhackfleisch
2 EL Tomatenmark
150 ml Gemüsebrühe
1 Dose stückige Tomaten (400 g)
1 Dose Kidneybohnen (400 g)
1 Tüte Nachos
200 g saure Sahne

**MITTAGESSEN**

**Helene Holunder**    *www.helene-holunder.de*

# Gefüllte Auberginenröllchen mit Macadamiacrunch

Barbara Stukenborg lebt in der Nähe von Bremen, „zwischen Wiesen, Wald und netten Nachbarn" und umgeben von Spargel- und Erdbeerfeldern. Immer schon war die Nähe zur Natur für die studierte Ökotrophologin wichtig. Schon seit 20 Jahren ernährt sie sich vegan, was sich nicht zuletzt auf ihre beiden Kinder übertragen hat, beide Leistungssportler. Viel hat Stukenborg ihren Großmüttern und deren handgeschriebenen Rezeptheften zu verdanken. „Neben den erwartbaren Fleischgerichten sind erstaunlicherweise sehr viele ihrer Rezepte nach heutigen Maßstäben vegan." Von einer Großmutter hat sie sich den Vornamen geliehen, Helene, und tritt auf ihrem Blog als Helene Holunder auf. Neben ihrer Tätigkeit als Lehrerin schreibt sie Bücher über vegane Ernährung und lädt mehrmals im Monat ihr unbekannte Menschen ein, um mit ihnen Dreigängemenüs zu kochen. Wer möchte, bleibt über Nacht.

**PORTIONEN:** 2 | **ZUBEREITUNG:** 20 Min.

## Zubereitung:

- Die Aubergine waschen und den Stielansatz abschneiden. Längs halbieren und 4 etwa 0,3 cm dicke Scheiben abschneiden (die Reste anderweitig verwenden). In einer beschichteten Pfanne mit etwas Öl von beiden Seiten anbraten, bis sie weich und gebräunt sind. Mit Salz und Pfeffer würzen, beiseitestellen.

- Die Zucchini putzen, waschen, längs und quer halbieren. In 12 Scheiben schneiden, so breit wie jene der Aubergine.

- Jede Auberginenscheibe mit 1 EL Frischkäse bestreichen. Jeweils 3 Zuchinistreifen quer auf die Scheibe legen und aufrollen.

- Basilikum und Salat waschen und trocken schütteln. Basilikumblätter abzupfen und mit den Nüssen im Mixer grob zerkleinern. Alternativ die Nüsse in einen Gefrierbeutel geben. Mit einem Nudelholz ein paarmal über die Nüsse rollen und sie so zerkleinern. Die Blätter in Streifen schneiden und dazugeben.

- Zum Servieren jeweils 1 Handvoll Salat auf Teller verteilen und mit dem Dressing mischen. Je 2 Auberginenröllchen auf den Salat geben und mit dem Nuss-Crunch bestreuen.

### Zutaten:

1 Aubergine
Öl zum Anbraten
Salz
Pfeffer
½ Zucchini
4 EL Frischkäse (selbst gemacht, siehe Tipp, oder aus dem Supermarkt/Bio-Laden)
2 Stiele Basilikum
2 Handvoll Salat nach Wahl
50 g gesalzene Macadamianusskerne
Dressing nach Wahl

**MITTAGESSEN**

### TIPP:

Für selbst gemachte vegane Frischkäsebällchen 250 g Cashewkerne über Nacht in 50 bis 70 ml Wasser einweichen (rohvegane Variante) oder sie in einem Topf in Wasser etwa 5 bis 10 Minuten köcheln und abkühlen lassen. Die Cashewkerne abgießen, mit 50 ml Wasser, 2 EL Apfelessig, 2 EL Zitronensaft, 1 geschälten Knoblauchzehe und optional 1 Kapsel probiotischer Bakterien im Hochleistungsmixer pürieren, bis eine homogene Masse entsteht. Eventuell etwas Wasser nachgießen. Der Frischkäse wird etwas fester, wenn er im Kühlschrank reifen kann, aber die Konsistenz sollte auch jetzt so sein, dass sich später Bällchen formen lassen. Mit 1 TL Salz abschmecken. Am besten 1 Tag bei Zimmertemperatur reifen lassen. Dann im Kühlschrank über Nacht ziehen lassen, damit sich die Aromen entfalten können. Mit den Händen oder einem Eiskugelausstecher Kugeln formen und diese in frisch gehackten Kräutern (z. B. Thymian, Basilikum, Dill, Rosmarin), zerstoßenen Pfefferkörnern oder rosa Pfefferbeeren wälzen. Wenn es schnell gehen soll, kann der Frischkäse nach dem Pürieren etwa 2 Stunden in den Kühlschrank gestellt, dann geformt und in Kräutern gewälzt werden.

LilaLiv  *@lilalivblog*

# Soba-Nudeln mit Chimichurri und Hähnchen

Patrizia Furrer hat ihre Zwanzigerjahre mehr oder weniger in Kalifornien verbracht. Vorgeblich, um Grafik zu studieren und eine eigene IT-Firma zu gründen, mindestens so sehr aber auch wegen ihrer großen Leidenschaft, dem Surfen. Zurück in ihrer Heimatstadt Luzern, gründete sie erst einen Cupcake-Laden und erwarb dann ein baufälliges Haus, in das sie mit ihrem Mann, einem Koch, und Tochter Liv einzog. Bis heute hat sich Furrer eine kosmopolitische Grundstimmung bewahrt. „Ich liebe verschiedene Esskulturen und mische gern deren Besonderheiten." Und das, obwohl ihre Mutter sehr patriotisch kochte, Älplermakkaronen zum Beispiel, gebackene Apfelküchlein und Fleischröllchen mit Kartoffelstock, also Kartoffelpüree. Von der Schweiz nach Japan: Von dort stammen die als sehr bekömmlich geltenden Buchweizennudeln, die wahlweise warm oder kalt gegessen werden. Furrer serviert sie mit der Würzsauce Chimichurri, die in lateinamerikanischen Ländern zu gegrilltem Rindfleisch gereicht wird.

## Zubereitung:

**PORTIONEN:** 4 | **ZUBEREITUNG:** 35 Min. + 30 Min. Marinierzeit

- Für das Hähnchen alle Gewürze in einem Mörser fein zerreiben. Die Hähnchenbrüste mit Küchenpapier trocken tupfen, dann mit der Würzmischung einreiben und mindestens 30 Minuten zugedeckt im Kühlschrank marinieren.

- Für das Chimichurri Rucola und Petersilie waschen, trocken schütteln und fein hacken. Den Knoblauch schälen und fein hacken. Rucola, Petersilie, Chiliflocken und Knoblauch in einen Mörser geben. Mit dem Olivenöl und dem Essig vermischen und so lange zerstoßen, bis eine dickflüssige Emulsion entsteht. Mit Zitronenschale, Salz und Pfeffer abschmecken. Die Konsistenz des Chimichurri sollte der eines Pestos ähneln.

- Den Backofen auf 180 °C (Ober-/Unterhitze) vorheizen. Kokosfett in einer Pfanne erhitzen und die Hähnchenbrüste darin auf beiden Seiten scharf anbraten. In eine ofenfeste Form geben und im Ofen etwa 15 Minuten fertig garen.

- Die Soba-Nudeln nach Packungsanweisung garen. Abgießen und in einer großen Schüssel mit drei Vierteln des Chimichurris mischen. Die Hähnchenbrüste aus dem Ofen nehmen und in dicke Scheiben schneiden. Die Nudeln auf Teller verteilen, das Hähnchenfleisch darauf anrichten und mit dem restlichen Chimichurri beträufeln.

**MITTAGESSEN**

## Zutaten:

**Für das Hähnchen:**
2 TL Knoblauchpulver
2 TL Kreuzkümmel
1 TL gemahlener Koriander
1 TL Paprikapulver
1 TL Meersalz
½ TL Pfeffer aus der Mühle
4 Hähnchenbrüste
1 EL Kokosfett oder Öl zum Braten

**Für das Chimichurri:**
1 große Handvoll Rucola
1 Bund glatte Petersilie
2 Knoblauchzehen
½ TL Chiliflocken
200 ml Olivenöl
2 EL Weißweinessig
abgeriebene Schale von 1 Bio-Zitrone
½ TL Meersalz
Pfeffer

**Für die Nudeln:**
400 g Soba-Nudeln oder Vollkornspaghetti

83

**Die Küchenlounge**   www.diekuechenlounge.de

# Spinat-Tagliatelle mit Möhren und gebratenem Speck

Die Küche ist das Herzstück von Jutta Leders Haus. Mindestens einmal am Tag kommt dort die Familie zum gemeinsamen Essen zusammen. Kein Wunder, liebt sie doch bodenständige Gerichte wie Tim Mälzers Bolognese mit Makkaroni und Sauerkraut, das ist ihr allerliebstes. Ihr Zuhause befindet sich in der Nähe von Stuttgart und ist deutlich geprägt von der schwäbischen Küche: „Experimente gab es während meiner Kindheit nicht. Meine Mutter hatte damals weder die Zeit noch die Möglichkeiten, um ausgefallen zu kochen." Für die italienische Küche kann sich deren Tochter trotzdem begeistern, wie ihre Spinat-Tagliatelle beweisen. Ansonsten liebt die in einer Rathausverwaltung Tätige die Spezialitäten ihrer Region. Und ihre Küche.

## Zubereitung:

**PORTIONEN:** 2 | **ZUBEREITUNG:** 30 Min.

- Die Möhren putzen, schälen und in Würfel schneiden. Den Speck in einer Pfanne ohne Fett anbraten, herausnehmen und auf Küchenpapier abtropfen lassen. Das Olivenöl in die Pfanne geben und die Möhren darin anbraten, salzen und herausnehmen.

- Die Tagliatelle in reichlich kochendem Salzwasser nach Packungsanweisung bissfest garen. Die Kräuter waschen und trocken schütteln. Die Butter erhitzen und die Kräuter darin knusprig anbraten und herausnehmen.

- Den Feta mit einer Gabel zerdrücken, mit etwas Wasser cremig rühren und salzen.

- Die Tagliatelle in ein Sieb abgießen und mit Möhren und Speck nochmals in die Pfanne geben und gründlich miteinander vermengen. Den cremigen Feta auf zwei Teller verteilen und die Nudeln daraufgeben. Die Kräuter mit der gebratenen Butter darüber verteilen.

### Zutaten:

2 Möhren
125 g Speck
2 EL Olivenöl
Salz
300 g Spinat-Tagliatelle
1 Zweig Salbei
3 Zweige Thymian
1 EL Butter
200 g Feta

MITTAGESSEN

85

**Stylingkitchen**  *www.stylingkitchen.com*

# Gemüse aus dem Wok mit Garnelen

Lust auf Reisen weckt auch dieses Sonntagsgericht von Genevieve Wiehe (siehe auch S. 68). Viele verschiedene Gemüsesorten, die dank der Zubereitung im Wok ihre knackige Frische behalten, bringen ebenso Farbe auf den Teller wie einen exotische Aromenvielfalt. Ingwer und Sojasauce sorgen für Würze, Kokosmilch für Cremigkeit. In Kombination mit Garnelen ein wirklicher Genuss.

## Zubereitung:

**PORTIONEN:** 3–4 | **ZUBEREITUNG:** 30 Min.

- Zuckerschoten, Möhren, Paprika, Zucchini und Frühlingszwiebeln putzen und waschen. Alles in mundgerechte Würfel oder Streifen schneiden. Die Pilze trocken abreiben und in Scheiben schneiden. Knoblauch und Ingwer schälen und fein hacken. Die Chilischote putzen, waschen und ebenfalls fein schneiden. Mungbohnensprossen in einem Sieb abtropfen lassen.

- Etwas Sesamöl in den Wok geben und die Garnelen darin kurz anbraten. Knoblauch, Ingwer und Chili hinzufügen. Das Gemüse je nach Garzeit nach und nach dazugeben, zuerst Möhren, Zuckerschoten und Paprika, später Zucchini und Pilze.

- Die Mungbohnensprossen in den Wok geben. Den Zitronensaft hinzufügen. Mit Kokosmilch und Sojasauce abschmecken, mit Salz und Pfeffer würzen. Die Gemüsepfanne anrichten und mit Sesamsamen und Petersilie bestreuen.

### Zutaten:

180 g Zuckerschoten
2 Möhren
1 rote Paprikaschote
1 Zucchini
2 Frühlingszwiebeln
200 g Pilze
½ Knoblauchzehe
1 daumengroßes Stück Ingwer
½ rote Chilischote
1 Dose Mungbohnensprossen (125 g)
1–2 EL Sesamöl
225 g geschälte aufgetaute TK-Garnelen
Saft von 1 Zitrone
3–4 EL Kokosmilch
3–4 EL Sojasauce
Salz
Pfeffer
1–2 EL Sesamsamen
2–3 EL frisch gehackte Petersilie

MITTAGESSEN

**Holunderweg 18**   *www.holunderweg18.de*

# Rote-Bete-Tarte-Tatin

Auch das soll es geben: Im Gegensatz zu ihren Eltern mochte Natalie Friedrich Gemüse immer schon. Diese Liebe ist mit einem Geräusch verbunden, dem eines an den Heizkörper klopfenden Holzlöffels: „Omas Art zu sagen, dass das Essen fertig ist." Wenn es im Obergeschoss des niedersächsischen Familienhauses also mal wieder Spaghetti bolognese gab und unten, bei den Großeltern, Ratatouille, war die Entscheidung für Friedrich gefallen. Besonders gern kocht die Vegetarierin mit Zutaten aus dem eigenen Stuttgarter Garten. Naturnah nennt sie ihn, eine liebevolle Umschreibung für „verwildert", wie sie gesteht. Ihre Tarte Tatin mit Roter Bete ist eine Abwandlung des französischen Dessertklassikers, der, wie so viele berühmte Gerichte, wohl zufällig entstanden ist. Kurz vor dem Servieren, so die Legende, fiel der Apfelkuchen den Schwestern Tatin aus den Händen, woraufhin sie ihn umdrehten und noch mal buken. Dass die Bloggerin daraus eine Gemüsevariante macht, liegt daran, dass Rote Bete ihr Lieblingsgemüse ist. Woher sie das wohl hat?

## Zubereitung:

**PORTIONEN:** für 1 Tarte- oder Quicheform (24 cm Ø) | **ZUBEREITUNG:** 1 Std.

- Den Backofen auf 200 °C (Ober-/Unterhitze) vorheizen.

- Die Zwiebel schälen und in feine Ringe schneiden. Thymian waschen und trocken schütteln. Die Butter in einer Pfanne erhitzen, die Zwiebel mit Thymian, Nelken, Zimtpulver und Zimtstange bei mittlerer Hitze andünsten.

- Die Roten Beten schälen und in 3 bis 5 mm dicke Scheiben schneiden. In die Pfanne geben und etwa 10 Minuten in der Zwiebelmischung köcheln lassen. Dabei ab und zu vorsichtig umrühren.

- Thymianzweige, Nelken und Zimtstange herausnehmen und den braunen Zucker über die Rote Bete geben. Karamellisieren, umrühren und mit Balsamico und Salz abschmecken. Erneut umrühren, dann den Herd ausschalten.

- Die Tarte- oder Quicheform einfetten. Die Rote Bete mit den Zwiebeln darin gleichmäßig verteilen. Den Blätterteig entrollen und über die Form legen, die überstehenden Enden großzügig abschneiden und den Teig leicht an die Form drücken.

- Die Tarte im vorgeheizten Ofen 20 bis 25 Minuten backen, bis der Teig gebräunt ist. Herausnehmen und 5 bis 10 Minuten abkühlen lassen. Zum Stürzen der Tarte einen großen Teller auf die Form legen und die Form umdrehen. Den Feta über der Tarte Tatin zerkrümeln und servieren.

**TIPP:**
*Vorsicht beim Stürzen der Tarte. Sollte die Form noch zu heiß sein, am besten mit Topflappen anfassen.*

**MITTAGESSEN**

## **Zutaten:**

1 mittelgroße rote Zwiebel
oder 3 Schalotten
4 Zweige Thymian
3 EL Butter
8 Gewürznelken
1 TL Zimtpulver
1 Zimtstange
600 g Rote Beten
5 TL brauner Zucker
3 EL Aceto balsamico
Salz
1 Packung Blätterteig (Kühlregal)
100 g Feta

# Kalbsbutterschnitzel mit Zitronen-Butter-Sauce

Auch in diesem Gericht von Sarah Thor (siehe auch S. 48) kommt ihre Lieblingszutat nicht zu kurz: Eine Sauce aus Amalfi-Zitrone und Butter verfeinert jene Kalbsbutterschnitzel, die Thor aus ihrer Kindheit als echte Besonderheit in Erinnerung hat. Und das zu Recht: Mit Ofenbratkartoffeln und gegrillten Radieschen wird daraus ein tolles Sonntagsgericht.

## Zubereitung:

**PORTIONEN:** 4 | **ZUBEREITUNG:** 1 Std. 20 Min.

- Für die Schnitzel das Fleisch beim Metzger hacken lassen oder in grobe Würfel schneiden. Die Brötchen entrinden und in Milch einweichen. Das Fleisch mit den gut ausgedrückten Brötchen durch den Fleischwolf drehen. Die Schalotten in wenig Öl glasig dünsten. Die gehackte Petersilie dazugeben und zum Abkühlen in einer Schüssel beiseitestellen.

- Die Fleischmasse mit Eiern, Sahne, Semmelbröseln und Zitronenschale in eine Schüssel geben. Mit Salz, Pfeffer und Muskatnuss würzen. Die Schalotten dazugeben, alles gründlich vermischen. Die Masse sollte locker und nicht zu trocken sein. Falls nötig, noch etwas Semmelbrösel unterrühren. Mit angefeuchteten Händen aus der Masse gleich große flache Klopse formen.

- Butterschmalz in einer Pfanne erhitzen, die Kalbsbutterschnitzel darin von beiden Seiten anbraten, aus der Pfanne heben und im Ofen warm stellen.

- Für die Sauce das Fett aus der Pfanne abgießen und die Hälfte der Butter darin zerlassen. Mehl darüberstreuen und unter Rühren erhitzen, sodass eine Mehlschwitze entsteht. Mit Kalbsfond oder Bouillon ablöschen. Zitronenschale, -saft und die restliche Butter unterrühren und kurz einkochen lassen. Mit Pfeffer würzen.

- Für die Bratkartoffeln die Kartoffeln gründlich waschen. Reichlich Wasser in einem Topf aufkochen, etwas Salz dazugeben. Die Kartoffeln darin je nach Größe 7 bis 10 Minuten bissfest kochen. In der Zwischenzeit eine ofenfeste Form bereitstellen, den Backofen auf 210 °C (Ober-/Unterhitze) vorheizen. Die Kartoffeln in Eiswasser abschrecken, gegebenenfalls ein wenig abkühlen lassen, in die Form legen, Olivenöl darübergießen und nach Geschmack mit Salz bestreuen. Alles gründlich miteinander verrühren. Die Kartoffeln sollten nicht übereinanderliegen. Im vorgeheizten Ofen auf der mittleren Schiene 15 bis 17 Minuten goldbraun garen. Nach der Hälfte der Backzeit wenden.

- Die Radieschen putzen, waschen und trocken tupfen. Je nach Größe halbieren oder ganz lassen. In eine Grillpfanne geben und bei starker Hitze etwa 2 Minuten rösten. Dabei die Grillpfanne hin- und herbewegen, damit die Radieschen von allen Seiten geröstet werden.

- Für die Bärlauchbutter Radieschenblätter und Bärlauch waschen, trocken schütteln und hacken. Mit Butter, Öl, Zitronenschale und etwas Salz zu einer homogenen Maße pürieren. Die Butter bis zur Weiterverwendung im Kühlschrank lagern. Sie hält sich dort mindestens 7 Tage.

- Zum Servieren die Kalbsbutterschnitzel mit Radieschen und Bratkartoffeln auf Teller verteilen, die Zitronen-Butter-Sauce darübergießen und mit der Bärlauchbutter anrichten.

**MITTAGESSEN**

## Zutaten:

**Für die Schnitzel:**
800 g mageres Kalbfleisch
(z. B. aus der Schulter)
3 Kaisersemmeln
1 Glas Milch
1 ½ TL sehr fein gehackte Schalotten
Öl
1 ½ TL fein gehackte Petersilie
2 Eier (Gr. M)
225 g Sahne
1–2 EL Semmelbrösel
1 TL abgeriebene Bio-Zitronenschale
Salz, Pfeffer
Muskatnuss
3 EL Butterschmalz

**Für die Sauce:**
150 g Butter
1 EL Mehl
300 ml Kalbsfond (optional Rinder- oder Gemüsebouillon)
abgeriebene Schale und Saft von
1 großen Amalfi-Zitrone oder
2 kleinen Bio-Zitronen
Pfeffer

**Für die Bratkartoffeln:**
600 g kleine Kartoffeln
Salz oder Kräutersalz
4–5 EL Olivenöl

**Für die Radieschen:**
1–2 Bund Radieschen

**Für die Bärlauchbutter:**
1 Bund Bio-Radieschenblätter
50 g Bärlauch
250 g zimmerwarme Butter
20 g Zitronenöl oder Rapsöl
abgeriebene Schale von 1 kleinen Bio-Zitrone
Salz

**Nicest Things**   *www.nicestthings.com*

# Drunken Pasta – in Rotwein gekochte Spaghetti mit Radicchio & Walnüssen

Immerhin eine Sache hat Verena Susanna Wohlleben aus ihrem Studium ins wahre Leben hinübergerettet: die Pinzette. Die war für die angehende Medizinerin im Präparierkurs genauso wichtig wie in ihrem heute ausgeübten Beruf als Foodfotografin und Foodstylistin. Nebenbei betreibt sie seit 2011 den Blog Nicest Things. Während ihres Studiums hat die Bloggerin ihr Herz „ordnungsgemäß" in Heidelberg verloren, lebt inzwischen aber wieder in ihrer alten Heimat Rheinland-Pfalz, in Neustadt an der Weinstraße. Bodenständig und magenfüllend ist die Pfälzer Küche, zu der man am besten ein großes Glas Wein oder jene saure Rieslingschorle trinkt, die Wohlleben so gern mag. Da trifft es sich gut, dass Wein auch in ihrem Sonntagsessen eine prominente Rolle spielt, in diesem kocht sie nämlich ihre Spaghetti.

## Zubereitung:

**PORTIONEN:** 2 | **ZUBEREITUNG:** 50 Min.

- Den Rotwein in einem großen Topf aufkochen und etwa 10 Minuten köcheln lassen, damit der Alkohol verdampft.

- Den Radicchio putzen, waschen, vierteln und in Streifen schneiden. Das Olivenöl in eine große beschichtete Pfanne geben. Den Knoblauch schälen, durch eine Presse drücken und mit 1 Prise Chiliflocken kurz andünsten. Den Radicchio sowie 1 Prise Salz zugeben und etwa 3 Minuten weich dünsten. Beiseitestellen.

- Die Spaghetti einmal in der Mitte durchbrechen und zum Rotwein in den Topf geben. Nach Packungsanweisung al dente garen. Dabei regelmäßig umrühren.

- Die Toastscheiben kross toasten. Die Knoblauchzehe schälen. Den Toast mit Walnusskernen und Knoblauch in den Mixer geben und zu Bröseln verarbeiten. 2 EL Olivenöl in einer Pfanne erhitzen und die Brösel darin goldbraun braten.

- Die Pasta in ein Sieb abgießen und abtropfen lassen. Zum Radicchio geben und unterheben. Die Radicchio-Nudeln auf zwei Teller verteilen, mit den Walnussbröseln bestreuen und mit frisch geriebenem Parmesan bestreuen.

## Zutaten:

750 ml trockener Rotwein
1 kleiner Radicchio (etwa 200 g)
4 EL Olivenöl
2 Knoblauchzehen
Chiliflocken
Salz
250 g Spaghetti
2 Scheiben Vollkorntoast
1 Knoblauchzehe
40 g Walnusskerne
2 EL Olivenöl
100 g geriebener Parmesan

MITTAGESSEN

# Gefüllte Auberginen mit Rinderragout

Italienisch und zugleich bodenständig bleibt es in Jutta Leders (siehe auch S. 84) Küche mit diesem Rezept. Das Tolle an diesem Ofengericht ist, dass die Auberginen ohne viel Zutun gemütlich vor sich hin backen. Tomatenmark sorgt für einen Umami-Kick, Crème fraîche für ordentlich Frische. Pures Soulfood und perfekt für einen entspannten Sonntag.

**PORTIONEN:** 2 | **ZUBEREITUNG:** 45 Min.

## Zubereitung:

- Den Backofen auf 200 °C (Ober-/Unterhitze) vorheizen.

- Die Auberginen putzen, waschen, längs halbieren, das Fruchtfleisch mit einem Löffel herauskratzen und klein schneiden. Auberginenhälften beiseitestellen. Die Zwiebel schälen und in feine Würfel schneiden. Die Petersilie waschen, trocken schütteln und fein hacken.

- Das Olivenöl erhitzen und die Zwiebel darin kurz andünsten, das Hackfleisch dazugeben und durchbraten. Salz, Paprikapulver, Tomatenmark und Petersilie dazugeben und gut miteinander vermengen. Bei mittlerer Hitze mindestens 10 Minuten köcheln lassen.

- Die passierten Tomaten dazugeben und nochmals mit Salz abschmecken. Das Auberginenfruchtfleisch gründlich unterrühren. Creme fraîche mit etwas Wasser vermischen, Parmesan und Mozzarella unterrühren und salzen.

- Das Hackfleischragout in die Auberginenhälften füllen und mit der Crème-fraîche-Mischung bedecken. Im vorgeheizten Ofen etwa 20 Minuten backen, bis der Käse zerläuft und braun wird.

## Zutaten:

2 mittelgroße Auberginen
1 Zwiebel
4 Stiele glatte Petersilie
2 EL Olivenöl
350 g Rinderhackfleisch
Salz
½ TL Paprikapulver
1 EL Tomatenmark
8 EL passierte Tomaten
4 EL Crème fraîche
4 EL geriebener Parmesan
4 EL klein gewürfelter Mozzarella

MITTAGESSEN

# Spinatknödel mit gebräunter Butter, Pinienkernen und Parmesan

Für Alltagsfreuden braucht es keinen Anlass, findet Sarah Renziehausen. Um sich und andere öfter daran zu erinnern, hat sie vor ein paar Jahren ihren Foodblog Feiertäglich gestartet. Dort finden sich bunte Gerichte, die auch unter dem Motto „Regenbogen auf dem Tisch" laufen könnten: pinke Kokosriegel, grüne Spinatknödel oder eine blaue Smoothiebowl. Über die Fotografie kam die selbstständige Designerin zum Bloggen. Seit sie Mutter ist, fokussiert sich Renziehausen verstärkt auf leicht gelingende Gerichte und Meal Prepping, also das Vorkochen beziehungsweise Vorbereiten von Speisen. „Mein Notfallrezept sind Pfannkuchen, folglich sind Eier, Haferdrink und Dinkelmehl Zutaten, die ich immer vorrätig habe." So fühlt sich der Alltag fast von selbst nach einem Feiertag an.

## Zubereitung:

**PORTIONEN:** 4 | **ZUBEREITUNG:** 1 Std. + Auftauzeit über Nacht

- Den TK-Spinat komplett auftauen lassen (am besten über Nacht). Das Brot in Würfel schneiden und mindestens 30 Minuten in der Milch einweichen. Den Quark im Sieb gut abtropfen lassen. Den Spinat gut ausdrücken und klein schneiden. Zwiebel und Knoblauch schälen und fein hacken.

- Ghee (oder Butterschmalz) in einer Pfanne heiß werden lassen. Zwiebel und Knoblauch darin glasig dünsten. Den Spinat dazugeben und mitgaren, so verliert er die restliche Flüssigkeit, vermischt sich gut mit den Zwiebel-Knoblauch-Aromen und bekommt dazu noch ein leichtes Bratarom. Den Spinat mit Salz, Pfeffer und geriebener Muskatnuss würzen.

- Die eingeweichten Brotwürfel mit Spinat, Eiern, Quark und Parmesan gut vermischen. Etwas salzen und pfeffern und 15 Minuten stehen lassen. Dann mit etwas angefeuchteten (kalten) Händen aus der Masse etwa 5 bis 6 cm große Knödel (etwas größer als ein Tischtennisball) formen.

- Einen großen Topf mit Salzwasser zum Kochen bringen. Die Knödel vorsichtig in das Wasser gleiten lassen. Die Hitze herunterschalten und die Knödel im nicht mehr kochenden, aber siedenden Wasser 15 Minuten gar ziehen lassen.

- In der Zwischenzeit die Blattsalate waschen und trocken schütteln. Mit Dressing anrichten. Den Parmesan grob hobeln. Pinienkerne in einer Pfanne ohne Fett goldbraun rösten. Kurz vor Ende der Garzeit der Spinatknödel die Butter in einem kleinen Topf zerlassen und leicht bräunen.

- Die Knödel vorsichtig mit einer Schaumkelle aus dem Wasser nehmen und gut abtropfen lassen. Die Spinatknödel auf dem Salat anrichten, mit gebräunter Butter beträufeln und mit etwas Parmesan und Pinienkernen bestreuen. Nach Belieben mehr Parmesan dazu servieren.

MITTAGESSEN

## Zutaten:

600 g TK-Blattspinat
200 g (Weiß-)Brot (vom Vortag)
200 ml Milch
100 g Quark
1 Zwiebel
1 Knoblauchzehe
1 EL Ghee oder Butterschmalz
Meersalz
Pfeffer
etwas geriebene Muskatnuss
2 Eier (Gr. M)
60 g frisch geriebener Parmesan

**Außerdem:**
gemischte Blattsalate (Babyspinat, Rucola)
Dressing nach Wahl (z. B. Vinaigrette)
etwas Parmesan
1 kleine Handvoll Pinienkerne
50 g Butter

**Anonyme Köche**  *www.anonymekoeche.net*

# Exzeptionelle Pasta aus Sardinien: Fregula sarda mit Frutti di mare

Fregula, Fregola oder auch Freula ist eine traditionelle Hartweizenpasta aus Sardinien – und der Träger dieses Gerichts von Claudio Del Principe (siehe auch S. 76). Die Pasta kommt im besten Fall aus handwerklicher Herstellung und wird im Steinofen getrocknet, wodurch ihr zarte Röstaromen mit auf den Weg gegeben werden. Traditionell wird Fregula mit Telline – das sind die kleinen Vongole – zubereitet. So auch in diesem Rezept.

**PORTIONEN:** 4 | **ZUBEREITUNG:** 30 Min.

## Zubereitung:

- Die Muscheln unter fließendem kaltem Wasser abbürsten und die Bärte entfernen. Geöffnete Muscheln aussortieren. In einer Schwenkpfanne Olivenöl erhitzen und mit Knoblauch, 1 Peperoncino und Petersilienstielen aromatisieren. Muscheln und 1 Spritzer Weißwein dazugeben, zudecken und bei starker Hitze 2 Minuten dämpfen.

- Den Sud durch ein feines Sieb passieren und beiseitestellen. Offene Muscheln aus der Schale lösen und bereitstellen. Ein paar Schalen zum Garnieren beiseitelegen.

- Die Gamberetti schälen und waschen. Die Köpfe und Schalen im Olivenöl kräftig anrösten. Herausnehmen und entsorgen. Die Calamaretti putzen, klein schneiden (Tentakeln ganz lassen, sieht hübscher aus) und mit den restlichen klein gewürfelten Peperoncini in derselben Pfanne kurz braten. Mit Weißwein ablöschen. Ein paar Löffel passierte Tomaten oder gewürfelte Cocktailtomaten dazugeben. Den Muschelfond dazugießen und zugedeckt 15 Minuten köcheln. Mit Salz und Pfeffer abschmecken.

- Die Fregula in einen Topf geben und nach und nach mit dem Muschelfond übergießen. Immer so viel dazugeben, wie die Fregula aufsaugen kann, ähnlich einem Risotto. Nach etwa 15 Minuten die Crevetten und die ausgelösten Muscheln dazugeben. Nach weiteren 5 Minuten sollte die Fregula al dente gegart sein. Frisch gehackte Petersilie darüberstreuen, 1 Schuss Olivenöl darüberträufeln und in tiefen Tellern anrichten.

## Zutaten:

500 g Vongole veraci
500 g Cozze (Miesmuscheln)
Olivenöl
1–2 Knoblauchzehen
2–3 Peperoncini
Petersilie
Weißwein
12 Gamberetti (Krevetten)
8 Calameretti (Tintenfische)
3–4 EL passierte Tomaten oder einige Cocktailtomaten
Salz
Pfeffer
400 g Fregula

MITTAGESSEN

**AvocadoBanane**  www.avocadobanane.com

# Lammkrone mit Bärlauch-Schupfnudeln

„Übermäßiger Fleischkonsum muss nicht sein, aber ab und zu ein richtig feines Schmankerl darf man sich zu besonderen Anlässen gönnen", meint Florence Stoiber (siehe auch S. 42). Ein solches ist ihre im Sous-vide-Bad gegarte Lammkrone mit Bärlauch-Schupfnudeln definitiv. Die macht aus einem ganz gewöhnlichen Sonntag garantiert einen besonderen Anlass.

## Zubereitung:

**PORTIONEN:** 4 | **ZUBEREITUNG:** 2 Std.

- Für die Lammkrone den Knoblauch schälen und in Scheiben schneiden. Den Rosmarin waschen und trocken schütteln. Beides auf dem Lammfleisch verteilen. Das Fleisch in einem Beutel vakuumieren und im Sous-vide-Bad bei 50 °C 1 Stunde garen. Herausnehmen, Butterschmalz in einer Pfanne sehr heiß werden lassen und das Fleisch darin von allen Seiten scharf anbraten. Mit Salz und Pfeffer würzen. Wer sein Fleisch rosa mag, achtet auf eine Kerntemperatur des Lamms von etwa 55 °C.

- Die Schalotten schälen und zerteilen. Im Bratensud anbraten und mit Rotwein ablöschen, die Butter untermischen und als Sauce verwenden.

- Für die Schupfnudeln die Kartoffeln kochen, pellen und durch eine Kartoffelpresse drücken. Danach im Ofen bei 60 bis 80 °C ausdampfen lassen. Den Bärlauch putzen, waschen und fein hacken. Die Butter zerlassen. Die Kartoffeln mit allen Zutaten zu einem Teig kneten, nach Geschmack salzen. Ist er zu weich, noch etwas Mehl hinzufügen. Die Arbeitsfläche mit Mehl bestäuben und aus dem Teig fingerdicke Rollen formen. 1 ½ cm dicke Stücke abschneiden und zu Schupfnudeln rollen. Wasser mit Salz aufkochen und die Schupfnudeln darin 2 bis 3 Minuten köcheln lassen. Herausnehmen, gut abtropfen lassen und in etwas Butterschmalz in einer Pfanne goldbraun rösten.

- Möhren schälen und der Länge nach mit dem Grün vierteln. Die Frühlingszwiebeln putzen und ebenfalls der Länge nach vierteln. Den Knoblauch schälen und fein hacken. Die Möhren mit etwas Butter oder Öl in einer Pfanne bissfest rösten. Frühlingszwiebeln und Knoblauch dazugeben, kurz mitgaren und beiseitestellen.

- Die Butter in einem Topf vorsichtig erhitzen, bis sie braun wird. Darauf achten, dass sie nicht verbrennt. Das Lammfleisch zerteilen, mit der Schalottensauce auf Tellern anrichten. Möhren und Schupfnudeln dazugeben und mit der braunen Butter übergießen.

# MITTAGESSEN

## Zutaten:

**Für die Lammkrone:**

2 Knoblauchzehen
2 Zweige Rosmarin
800 g Lammkarree
1 EL Butterschmalz
Maldon-Salz
Pfeffer
1 Handvoll Schalotten
1 großer Schuss Rotwein
1 EL Butter

**Für die Schupfnudeln:**

700 g Kartoffeln
100 g Bärlauch
50 g Butter
150 g Mehl
1 Eigelb
2 EL Grieß
1 TL Salz
Mehl für die Arbeitsfläche
Butterschmalz

**Für die Möhren:**

10 Möhren (mit etwa 4 cm Grün)
2 Frühlingszwiebeln
2 Knoblauchzehen
1 EL Butter oder Öl
50 g Butter

# Nachmittagskaffee

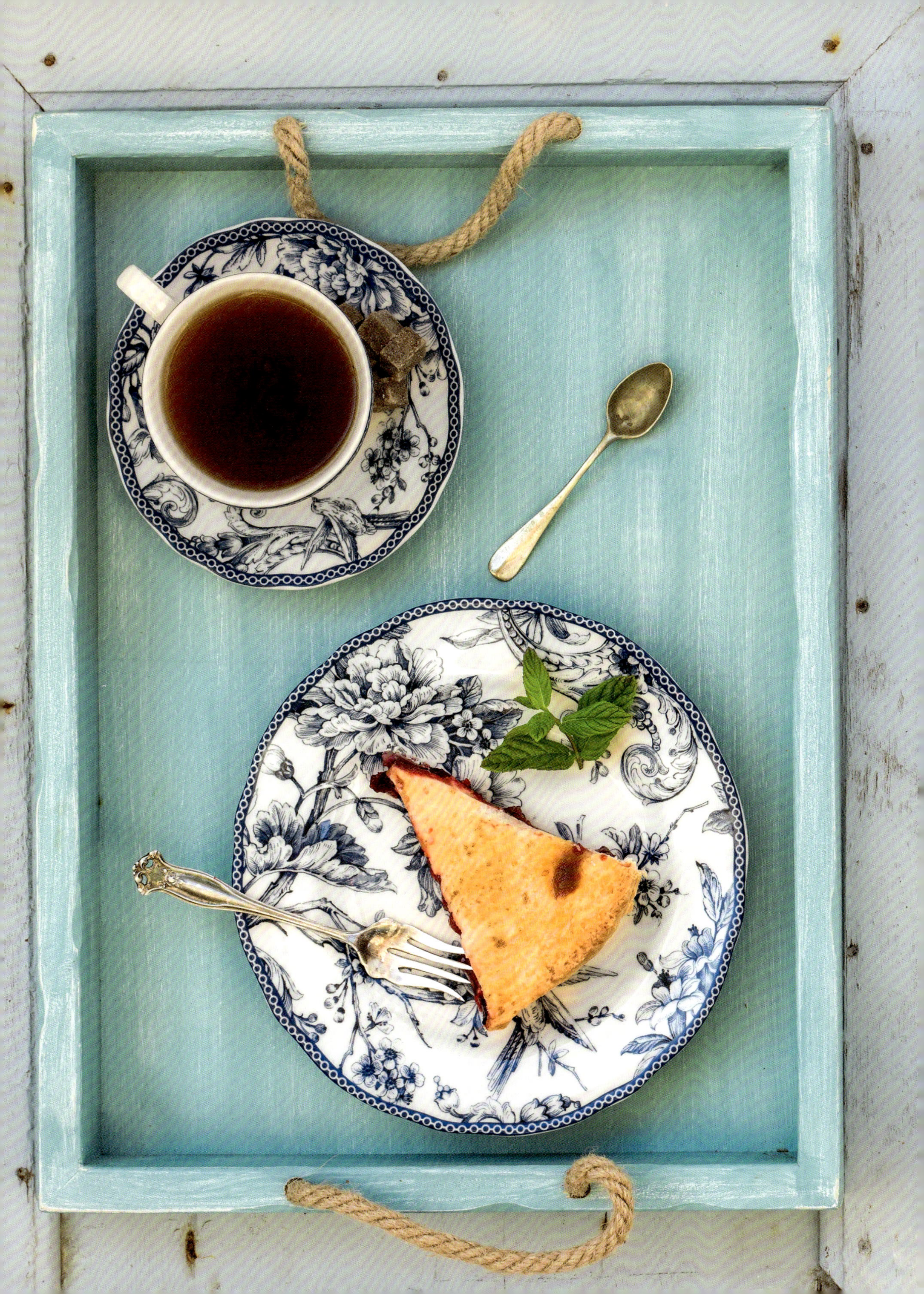

**Klara's Life**   www.klaraslife.com

# Zwetschgenstrudel mit Mandelstreuseln

Was passiert, wenn die schwäbische und die persische Küche zusammenfinden? Unter Umständen ein Kochblog wie Klara's Life, den Kathrin Salzwedel und Ramin Madani aus dem süddeutschen Herrenberg betreiben. Madani ist mit der persischen Küche aufgewachsen, Salzwedel mit der schwäbischen. Er arbeitet als Zahnarzt, sie hauptberuflich als Bloggerin. Beide verbindet die Liebe zu gutem, selbst gemachtem Essen. Das beweist auch ihre Rezeptauswahl: Suppen zum Beispiel, Kräutereintopf oder Linsen mit Spätzle. Nur bei der Frage nach ihrem Lebens- und Kochmotto gehen die Meinungen auseinander. „Vieles wird überbewertet", sagt Madani. Seine Freundin widerspricht: „Vieles wird unterbewertet." Definitiv nicht überbewertet ist ihr Zwetschgenstrudel mit Mandelstreuseln, eine Abwandlung des süddeutschen Klassikers mit Äpfeln. Dazu passt Vanillesauce oder Eis.

## Zubereitung:

**PORTIONEN:** 10 | **ZUBEREITUNG:** 55 Min. + 1 Std. Ruhezeit

- Für den Teig Mehl, 100 ml Wasser, 1 Prise Salz und das Öl in eine Schüssel geben und mit einem Holzlöffel verrühren. Anschließend mit den Händen zu einem geschmeidigen Teig verkneten. Abdecken und 30 bis 60 Minuten ruhen lassen.

- In der Zwischenzeit für die Streusel Mandeln, Zucker und Zimt vermischen und die Butter in Würfeln hinzufügen. Mit den Händen zu Streuseln verkneten.

- Die Zwetschgen waschen, halbieren und entsteinen. Den Backofen auf 200 °C (Ober-/Unterhitze) vorheizen und ein Backblech mit Backpapier belegen.

- Ein Küchentuch mit Mehl bestäuben und den Teig darauf dünn ausrollen. Anschließend den Teig über den Handrücken vorsichtig auseinanderziehen. Die Ränder mit den Fingern auseinanderziehen. Der Teig sollte so dünn sein, dass das Muster des Tuchs darunter zu sehen ist oder man eine darunterliegende Zeitung lesen könnte.

- Den Teig mit der Marmelade bestreichen, dabei einen 2 bis 3 cm breiten Rand frei lassen. Die Streusel darüber verteilen und die halbierten Zwetschgen daraufgeben. Nun die Seiten einschlagen und mithilfe des Geschirrtuchs den Teig aufrollen. Den Strudel vorsichtig mit der Naht nach unten auf das Backblech setzen und mit der flüssigen Butter bestreichen.

- Den Strudel 20 bis 30 Minuten im vorgeheizten Ofen backen, lauwarm abkühlen lassen und mit Puderzucker bestäuben. Mit Vanillesauce servieren.

**NACHMITTAGSKAFFEE**

## Zutaten:

**Für den Teig:**

200 g Mehl

Salz

3 EL Öl

**Für die Streusel:**

100 g gemahlene Mandeln

40 g Zucker

1 TL Zimtpulver

70 g Butter

**Außerdem:**

3–4 EL Zwetschgenmarmelade

400 g Zwetschgen

2 EL flüssige Butter

Puderzucker

Vanillesauce

105

**Kaffee mit Freunden**    www.kaffeemitfreunden.de

# Gedeckter Apfelkuchen mit buttrig-zimtigem Mürbteig

Friederike Bräuer, Betreiberin von Kaffee mit Freunden, lebt in Hamburg. Zwar geht es auf ihrem Blog dem Namen entsprechend hauptsächlich um Süßes, trotzdem schätzt sie auch herzhafte Gerichte wie eine orientalische Couscous-Bowl mit Röstgemüse und Hummus, eine vietnamesische Bún oder Pellkartoffeln mit Lachs und Gurkensalat. Einfach soll es aber bitte schön sein: „Ich möchte nicht drei Stunden am Herd stehen und mit zwanzig Zutaten hantieren." Dass sie doch immer wieder bei Süßem landet, hat auch mit Erinnerungen zu tun. „Der Geschmack meiner Kindheit: eine Scheibe Rosinenstuten mit Camembert und selbst gekochter Erdbeermarmelade, Apfel- und Käsekuchen, Waffeln mit Schlagsahne und eine Schale Quark mit selbst gepflückten Erdbeeren."

**PORTIONEN:** für 1 Springform (24–26 cm Ø) | **ZUBEREITUNG:** 1 Std. 30 Min.

## Zubereitung:

- Mehl, Backpulver, Zimt, 1 Prise Salz und Vanillezucker mischen. Butter und Ei dazugeben und mit den Knethaken des Handrührgeräts oder Mixers zu einem glatten Teig verarbeiten. Die Springform einfetten. Gut die Hälfte des Teigs dünn ausrollen und die Springform damit auskleiden. Dabei einen schmalen Rand hochziehen. Die andere Hälfte des Teigs im Kühlschrank etwa 30 Minuten kalt stellen.

- In der Zwischenzeit für die Füllung die Äpfel schälen, vierteln, entkernen und in kleine Würfel schneiden. Mit Zucker, Zimt und Vanillezucker abschmecken. Die Apfelmasse auf dem ausgerollten Teigboden verteilen. Die zweite Hälfte des Mürbteiges zwischen Frischhaltefolie ausrollen und den Kuchen damit vollständig bedecken. Den Backofen auf 190 °C (Ober-/Unterhitze) vorheizen.

- Den Kuchen im vorgeheizten Ofen etwa 40 Minuten hellbraun backen. Den Kuchen leicht abkühlen lassen und nach Belieben mit Puderzuckerglasur bestreichen. Kurz vor dem Servieren mit Puderzucker bestäuben.

## Zutaten:

**Für den Mürbteig:**
250 g Mehl
2 TL Backpulver
½ TL Zimtpulver
Salz
80 g Zucker
1 TL Vanillezucker
150 g Butter
1 Ei (Gr. M)

**Für die Füllung:**
5 säuerliche Äpfel
3 EL Vollrohrzucker
1 TL Zimtpulver
Vanillezucker nach Geschmack

**Außerdem:**
Puderzucker

**NACHMITTAGSKAFFEE**

**Nom Noms food**  *www.nom-noms.de*

# Milchschnitten-Torte mit Salzkaramell

Zeit für ein wenig Nostalgie: Wer kennt sie nicht, jene Milchschnitten, die man früher gern mal einem Pausenbrot vorzog? Für viele sind sie die Kindheitserinnerung schlechthin. Bei Jana Nörenberg (siehe auch S. 58) kommen sie aber nicht aus dem Kühlregal, sondern, Ehrensache, aus der eigenen Küche. Zusammen mit ebenfalls hausgemachtem Salzkaramell wird daraus eine köstliche Torte, die Erwachsenen wie Kindern gleichermaßen schmeckt. Nom Noms food, der Name von Nörenbergs Blog, spielt in der englischen Umgangssprache auf das entsprechende Kaugeräusch an, übertragen bedeutet es schlicht „lecker".

## Zubereitung:

**PORTIONEN:** für 2 Springformen (26–28 cm Ø) | **ZUBEREITUNG:** 45 Min. + 2 Std. Kühlzeit

- Für das Salzkaramell den Zucker in einen Topf geben und bei mittlerer Hitze schmelzen lassen, dabei möglichst nicht rühren, sonst bleibt er kristallartig. Wenn der Zucker weitestgehend geschmolzen ist, rühren und warten, bis er eine goldbraune Farbe angenommen hat. Die Butter und das Salz hinzufügen und unterrühren, bis eine homogene Masse entstanden ist. Nun den Topf vom Herd nehmen und unter Rühren die Sahne dazugeben. So lange rühren, bis eine cremige Konsistenz entstanden ist. Das Karamell in die Gläser füllen und verschließen. Im Kühlschrank aufbewahren

- Für die Torte den Backofen auf 180 °C (Ober-/Unterhitze) vorheizen. Eier, Zucker und Backkakao mit den Schneebesen des Handrührgeräts oder der Küchenmaschine cremig rühren. Die Butter zerlassen und unter Rühren zur Teigmasse geben. Mehl mit Backpulver vermischen und zusammen mit 100 g Schmand zum Teig geben. Alles gut verrühren.

- Den Teig gleichmäßig auf die mit Backpapier ausgelegten und eingefetteten Springformen verteilen und glatt streichen (beide Böden sind nur etwa 1½ bis 2 cm dick). Die Kuchenböden im vorgeheizten Ofen nacheinander etwa 10 bis 12 Minuten backen und 1 Stunde komplett auskühlen lassen.

- Die Sahne steif schlagen, Zucker, Vanillezucker und Sahnesteif langsam einrieseln lassen. Anschließend den restlichen Schmand unter die Sahne heben.

- Mit einem Messer vorsichtig am Rand der Springformen entlangfahren und einen Kuchenboden auslösen, den anderen in der Springform belassen. Die Schmandcreme auf dem Kuchenboden in der Springform gleichmäßig verstreichen. Nach Belieben Salzkaramell darüber verteilen. Den anderen Kuchenboden vorsichtig vom Backpapier lösen und herausnehmen. Dann als Deckel auf die Torte geben.

- Die Milchschnitten-Torte 1 Stunde kalt stellen. Anschließend entweder mit weiterem Salzkaramell dekorieren oder dieses separat dazu reichen.

## NACHMITTAGSKAFFEE

## **Zutaten:**

**Für das Salzkaramell (2 Gläser);**
**Rezept nach zimtkeks & apfeltarte**
**(www.zimtkeksundapfeltarte.com):**
300 g Zucker
125 g Butter
1–1½ TL Salz
180 g Sahne

**Für die Torte:**
3 Eier (Gr. M)
125 g Zucker

4 EL Backkakao
150 g Butter
125 g Mehl
½ Päckchen Backpulver
200 g Schmand
300 g Sahne
1 EL Zucker
1 ½ Päckchen Vanillezucker
1 Päckchen Sahnesteif

**La Crema**   www.lacrema-patisserie.com

# Zimtschnecken-Gugelhupf

Am Anfang war der Gugelhupf: So fing für die zehnjährige Elena Cremer die Liebe zum Teig an. Kurze Zeit später stieß sie auf ein Buch ihres Vaters mit dem motivierenden Titel „Backen, was allen schmeckt". Das darin enthaltene Rezept für einen gedeckten Apfelkuchen gelang gut. Es folgten Jahre der Autodidaktik zwischen Magazinen, Blogs und YouTube-Backvideos, schließlich dann der Blog La Crema. Damals wie heute bedeutet Backen für die studierte Kunst- und Literaturwissenschaftlerin Glück, Geborgenheit und Erinnerungen an schöne Kindheitstage. Ursprünglich stammt sie aus Köln, lebt aber seit vielen Jahren in Berlin, nicht zuletzt wegen der faszinierenden Foodszene, wie sie erzählt. Besonders ins Schwärmen gerät sie bei der Patisserie von Dilek Topkara und ihrem Café Dilekerei, den Backwaren von Zeit für Brot und den Zimtschnecken der Bravo Bravko Kuchenwerkstatt. Die spielen auch bei ihrem eigenen Gugelhupf eine Rolle.

## Zubereitung:

**PORTIONEN:** für 1 Gugelhupfform | **ZUBEREITUNG:** 2 Std. + 1 Std. Gehzeit

- Für den Teig die Hefe in einer Schüssel zerbröckeln und mit wenig Milch und dem Zucker glatt rühren. Ei, Eigelbe, restliche Milch, Salz und Mehl hinzufügen und mit den Knethaken der Küchenmaschine bei niedriger Geschwindigkeit 3 Minuten kneten. Das Tempo erhöhen und weitere 5 Minuten kneten. Die Butter in kleinen Stücken nach und nach unter den Teig kneten. Bei hohem Tempo weitere 5 Minuten zu einem glatten Teig kneten. Mit einem Tuch abdecken und an einem warmen Ort 1 Stunde gehen lassen.

- Für die Füllung die Butter mit dem Zucker und dem Zimt zu einer cremigen Masse verrühren, die sich gut verstreichen lässt.

- Den Backofen auf 190 °C (Ober-/Unterhitze) vorheizen. Den Teig nochmals kurz durchkneten und zu einem großen Rechteck ausrollen. Die Butter-Zucker-Zimt-Mischung gleichmäßig dünn auf dem Teig verstreichen, dabei an den Rändern etwas Platz lassen. Den Teig von der Längsseite möglichst eng aufrollen und die beiden Enden zusammendrücken, sodass ein Kranz entsteht. Den Kranz vorsichtig mit der Schnittstelle nach oben in die eingefettete Gugelhupfform legen. Im vorgeheizten Ofen etwa 35 Minuten backen. Sollte der Gugelhupf zu dunkel werden, mit zwei Lagen Alufolie abdecken.

- Den Zimtschnecken-Gugelhupf aus dem Backofen nehmen und abkühlen lassen (noch nicht stürzen, da sonst die noch flüssige Füllung herausläuft!). Den abgekühlten Kuchen stürzen und vorsichtig aus der Form nehmen. Den Puderzucker mit etwas Wasser zu einer dickflüssigen Glasur verrühren und den Gugelhupf damit bestreichen.

**NACHMITTAGSKAFFEE**

## Zutaten:

**Für den Hefeteig:**

20 g frische Hefe

250 ml lauwarme Milch

75 g Zucker

1 Ei

2 Eigelb

1 ½ TL Meersalz

500 g Mehl

75 g weiche Butter

**Für die Füllung:**

150 g weiche Butter

120 g Zucker

3 EL Zimtpulver

**Für den Zuckerguss:**

100 g Puderzucker

**Kaleidoscopic Kitchen**   *www.kaleidoscopic-kitchen.com*

# No-bake-Cheesecake im Glas mit frischen Himbeeren

Auch bei diesem Rezept bleibt sich Rebekka Mädler (siehe auch S. 60) treu: Süß und beerig soll es sein. Das Tolle an ihrem Himbeer-Cheesecake ist, dass es dazu nicht einmal einen Ofen braucht. Noch dazu lässt er sich problemlos transportieren, ist also das perfekte Mitbringsel fürs Picknick oder eine Sunday-Tea-Party.

## Zubereitung:

**PORTIONEN:** 4 | **ZUBEREITUNG:** 30 Min. + mind. 4 Std. Kühlzeit

- Die Kekse in der Küchenmaschine zerbröseln oder in einen Gefrierbeutel geben und mit einer Teigrolle so lang darüberrollen, bis die Kekse zerbröselt sind. Die Butter zerlassen und die Kekse damit vermischen. Die Masse auf vier Gläschen verteilen und kühl stellen.

- Himbeeren waschen bzw. auftauen, mit dem Stabmixer pürieren und durch ein Sieb passieren.

- Die Sahne mit dem Zucker steif schlagen und den Frischkäse unterrühren. Anschließend zwei Drittel des Himbeerpürees unterheben und gut vermischen.

- 4 Gelatineblätter etwa 2 Minuten in kaltem Wasser einweichen, anschließend ausdrücken und in einem kleinen Topf bei schwacher Hitze auflösen. 3 EL der Frischkäse-Himbeer-Sahne-Masse mit der flüssigen Gelatine verrühren. Anschließend alles unter die restliche Masse geben und gut vermengen.

- Die Himbeer-Sahne-Masse auf die Gläser verteilen und in den Kühlschrank stellen.

- Für den Himbeerspiegel 2 Gelatineblätter auflösen (wie in Punkt 4 beschrieben) und mit dem restlichen Himbeerpüree mischen. Ebenfalls auf die Gläser verteilen und mindestens 4 Stunden – besser über Nacht – in den Kühlschrank stellen.

## Zutaten:

80 g Kakaokekse (dunkle Butterkekse)
45 g Butter
300 g Himbeeren (frisch oder TK)
150 g Sahne
50 g Zucker
200 g Frischkäse (Doppelrahmstufe)
6 Blatt Gelatine
frische Himbeeren und Kekse als Topping

**NACHMITTAGSKAFFEE**

**Geschmacksmomente**   www.geschmacksmomente.com

# Rhabarbertarte

Endlich Frühling. Wenn die Kirschbäume blühen und die Luft nach Übergangsjacke riecht, staunen auch die Erwachsenen jedes Jahr aufs Neue über die Kraft der Natur. Ähnlich wie Spargel steht Rhabarber, eine Pflanzenart aus der Familie der Knöterichgewächse, wie kaum eine andere Zutat für Neubeginn und Frühjahr. Allein schon seine pinke Farbe rückt die winterliche Tristesse in weite Ferne. Karin Stöttinger bereitet daraus eine Rhabarbertarte zu, mit einem Teig aus Dinkelmehl und geriebenen Mandeln. Das Topping besteht aus Vanillepudding.

Neben Backen ist ihre zweite große Leidenschaft das Reisen. Den Geschmack einer fremden Region auf den Teller zu bringen, auch darum geht es auf ihrem Blog Geschmacksmomente. Zu Hause wiederum ist für sie das oberösterreichische Wels, eine „Knödel- und Fischregion", wie sie sagt. Am liebsten kocht Stöttinger spontan für sich selbst, an Feiertagen aber gern auch mal für die ganze Familie. Hauptsache, die entsprechenden Momenten sind berührend und geschmackvoll – und vielleicht der Beginn von etwas Neuem.

## Zubereitung:

**PORTIONEN:** 8 | **ZUBEREITUNG:** 1 Std. 5 Min.

- Für den Belag den Rhabarber putzen, schälen und in kleine Stücke schneiden. Mit Vanillezucker und Zucker vermischen und in einer Schüssel ziehen lassen. Den Backofen auf 200 °C (Ober-/Unterhitze) vorheizen.

- Für den Teig Mandeln, Mehl, Backpulver, Zucker, Vanillezucker, Ei und 1 Prise Salz in die Rührschüssel der Küchenmaschine geben. Einmal durchrühren und die kalten Butterstücke dazugeben. Langsam verkneten, bis sich der Teig vom Boden löst und am Haken kleben bleibt.

- Den Teig mit den Händen in die Tarte- oder Tortenform drücken und am Rand hochziehen. Den Rhabarbersaft aus der Schüssel durch ein Sieb geben und mit Wasser auf ½ l auffüllen. Mit dem Puddingpulver zu einem flüssigen Pudding kochen und unter den Rhabarber mischen. Die Masse auf dem Mürbteig verteilen und im vorgeheizten Ofen etwa 45 Minuten backen.

- Für die Schneehaube die Eiweiße mit dem Puderzucker steif schlagen und nach 35 Minuten Backzeit auf der Tarte verteilen und 10 Minuten mitbacken.

### Zutaten:

**Für den Belag:**
700 g Rhabarber
1 Päckchen Vanillezucker
140 g Zucker
2 Päckchen Vanillepuddingpulver
3 Eiweiß
150 g Puderzucker

**Für den Teig:**
50 g gemahlene Mandeln
180 g Dinkelmehl
½ TL Backpulver
70 g Zucker
1 Päckchen Vanillezucker
1 Ei (Gr. M)
Salz
70 g kalte Butter

NACHMITTAGSKAFFEE

**Zucker & Jagdwurst**   *www.zuckerjagdwurst.com*

# Veganer Zitronen-Mohn-Kuchen

Echt wahr: Als Kind wollte Julia Stephan Wurstfachverkäuferin werden. Viele Jahre später gibt es an einem perfekten Sonntag noch immer Lasagne – jetzt jedoch in der veganen Version. Daran, wie verrückt das Leben manchmal ist, erinnert der Name jenes Blogs, den sie gemeinsam mit ihrer Freundin Isabelle Friedrich betreibt. Jagdwurst sucht man dort vergeblich, stattdessen gibt es Rezepte für Linsenbolognese, Zupfkuchen und „Eiersalat", alle frei von tierischen Produkten. Kennengelernt haben sich die beiden beim Berliner Stadtmagazin Mit Vergnügen, seit 2016 gibt es ihren von eben dort aus betriebenen Blog Zucker & Jagdwurst, seit 2019 außerdem einen Podcast rund um veganen Lifestyle. Während Stephan bevorzugt herzhaft kocht – ganz von ungefähr kam ihr früherer Berufswunsch schließlich nicht –, ist Friedrich ihrem Spitznamen Isa Zucker entsprechend für den Nachtisch zuständig. Auf den Zitronen-Mohn-Kuchen können sich beide einigen. Hauptsache, es gibt eine Tasse Kaffee dazu, und zwar egal zu welcher Tageszeit.

## Zubereitung:

**PORTIONEN:** für 1 Kastenform | **ZUBEREITUNG:** 1 Std. 20 Min.

- Den Backofen auf 200 °C (Umluft) vorheizen. Für den Teig die Zitronen auspressen. Das Mehl in eine große Schüssel geben (am besten sieben) und mit Backpulver, Vanillezucker und Salz verrühren.

- Margarine und Zucker in einer zweiten Schüssel mit den Quirlen des Handrührgeräts cremig verrühren.

- Die Margarine-Zucker-Mischung zur Mehlmischung in die große Schüssel geben und gut miteinander verrühren.

- Nach und nach Pflanzendrink, Sprudelwasser und Zitronensaft dazugeben und unterrühren, sodass keine Klümpchen entstehen. Zum Schluss den Mohn untermischen.

- Eine Kuchenform mit Margarine einfetten und mit Mehl bestäuben. Den Teig in die Form füllen und im vorgeheizten Ofen etwa 1 Stunde backen. Die Stäbchenprobe machen: einen Holzspieß in den Kuchen stechen. Wenn nichts daran kleben bleibt, ist der Kuchen fertig. Den Kuchen auskühlen lassen und aus der Form stürzen.

- Für die Glasur Puderzucker mit Zitronensaft verrühren und den Kuchen damit bestreichen. Die Glasur im Kühlschrank kurz fest werden lassen.

## Zutaten:

**Für den Teig:**
2 Zitronen
400 g Weizenmehl
1 Päckchen Backpulver
1 Päckchen Vanillezucker
½ TL Salz
200 g Margarine
200 g Zucker
150 ml Pflanzendrink
50 ml Wasser mit Kohlensäure
4 EL Mohnsamen
Margarine zum Einfetten

**Für die Glasur:**
250 g Puderzucker
3 EL Zitronensaft

**NACHMITTAGSKAFFEE**

**Daily Sugar Love**      www.dailysugarlove.com

# Heidelbeer-Pistazien-Torte

Den eigenen Backblog Daily Sugar Love, also tägliche Zuckerliebe, zu nennen, wirkt in der heutigen Zeit fast unkonventionell. Schließlich gibt es genügend Bücher („Zucker, der heimliche Killer"), Filme („Voll verzuckert") und Artikel, in denen Mediziner*innen und Ernährungsberater*innen empfehlen, komplett auf das süße Zeug zu verzichten. „Mir geht es nicht um massenhaften Zuckerkonsum", versichert Britta Nawior. „Aber ich habe eine Zeit lang viel mit Zuckeralternativen experimentiert, nur um festzustellen, dass meine Lust auf Süßes dadurch nicht befriedigt wird." Was nicht heißt, dass sie nicht trotzdem mit Ahornsirup und Co. arbeitet oder gern mal die Zuckermenge reduziert. „Lieber esse ich aber ein ganz normales Stück Kuchen mit Genuss." Gebacken hat die im Saalekreis lebende Bloggerin schon als Kind, sobald sie lesen konnte, beispielsweise eine Schwarzwälder Kirschtorte. Auch an das erste Rezept ihres Blogs erinnert sie sich genau: „Das war ein Aprikosenkuchen mit Marzipanstreuseln."

## Zubereitung:

**PORTIONEN:** für 1 Springform (24 cm ⌀) | **ZUBEREITUNG:** 3 Std. 30 Min. + Kühlzeit über Nacht

- Für den Boden den Backofen auf 160 °C (Ober-/Unterhitze) vorheizen. Butter und Zucker schaumig schlagen. Die Eier einzeln hinzufügen und unterrühren.

- In einer zweiten Schüssel Mehl, Mandeln, Puddingpulver und Backpulver vermischen und zur Buttermischung geben. Etwas grüne Lebensmittelfarbe hinzufügen und den Teig einige Minuten aufschlagen.

- Den Boden der Springform mit Backpapier auslegen. Den Teig hineinfüllen, glatt streichen und die Heidelbeeren darauf verteilen. Den Kuchen etwa 40 Minuten backen, dann vollständig abkühlen lassen. Die Springform entfernen und einen Tortenring um den Kuchen stellen.

- Für die Creme die Gelatine nach Packungsanweisung einweichen. Joghurt, Vanille und Zucker verrühren. Die Gelatine über einem warmen Wasserbad auflösen und mit 3 EL Joghurt verrühren. Dann die Gelatinemischung unter Rühren zum restlichen Joghurt geben.

- Die Sahne steif schlagen und unter die Joghurtmischung heben. Die Creme in 3 gleich große Portionen teilen. Die erste Portion auf dem Boden verteilen. Die Heidelbeeren aus dem Glas abtropfen lassen, den Saft auffangen. 50 g Heidelbeeren und 3 EL Saft (zusammen etwa 70 g) pürieren.

- Die zweite Portion mit einem Drittel der pürierten Heidelbeeren verrühren. Die Creme sollte eine helllila Farbe haben. Diese auf der weißen Schicht verteilen. Die restlichen pürierten Heidelbeeren in die dritte Portion Creme rühren. Die Farbe sollte dann etwas intensiver sein als die der zweiten Schicht. Für mehr Farbe nach Belieben etwas lila Lebensmittelfarbe hinzufügen. Die Creme auf die zweite Schicht geben. Die abgetropften Heidelbeeren darauf verteilen. Die Torte etwa 2 Stunden kalt stellen.

- 3 Blatt Gelatine wie zuvor einweichen. 250 ml Heidelbeersaft abmessen. 50 ml Saft leicht erwärmen und die Gelatine darin auflösen. Mit dem restlichen Saft verrühren und kalt stellen. Wenn der Saft anfängt fest zu werden, auf der Torte verteilen und so lange kalt stellen, bis er fest geworden ist, am besten über Nacht.

**NACHMITTAGSKAFFEE**

## Zutaten:

**Für den Boden:**
100 g Butter
100 g Zucker
2 Eier (Gr. M)
75 g Mehl
50 g gemahlene Mandeln
1 Päckchen Pistazienpuddingpulver
2 TL Backpulver
grüne Lebensmittelfarbe
125 g frische Heidelbeeren

**Für die Creme:**
6 Blatt weiße Gelatine
400 g Joghurt
1 TL Vanilleextrakt
100 g Zucker
400 g Sahne
lila Lebensmittelfarbe (nach Belieben)

**Außerdem:**
1 Glas Heidelbeeren (Abtropfgewicht etwa 200 g)
3 Blatt weiße Gelatine

# Zebra-Käsekuchen

Der Cheesecake ist ein false friend. So nennt man Wörter, die, vom Englischen ins Deutsche übersetzt, auf eine falsche Fährte führen. Von wegen Käsekuchen: Beim New York Cheesecake handelt es sich um eine auf Kekskrümeln gebettete Frischkäsemasse, verfeinert lediglich mit etwas Vanille- und Zitronenaroma. Für den deutschen Käsekuchen hingegen verwendet man keinen Frischkäse, sondern Quark. Im Vergleich zu seinem US-amerikanischen Pendant wirkt er rustikaler und bodenständiger, auch weil dessen Basis nicht aus Krümeln, sondern einem soliden Mürbteig besteht. Anna Röpfl entscheidet sich für die heimische Variante. Zu Hause ist die gelernte Mediengestalterin in einem Dorf südlich von München, wo Hühner frei laufen und Bäckereien noch selbst Hand anlegen. Viele ihrer Rezepte haben einen regionalen Bezug, von bayerischen Rohrnudeln über Kaiserschmarren bis hin zu Apfelkücherln. Von wegen false friend: Den Zebrakuchen hat sie sich einst für eine Freundin ausgedacht.

## Zubereitung:

**PORTIONEN:** für 1 Springform (24–26 cm Ø) | **ZUBEREITUNG:** 1 Std. 30 Min. +1 Std. Kühlzeit

- Für den Teig Mehl, Zucker, 1 Prise Salz, Zitronenschale und Ei in eine Schüssel geben. Die kalte Butter in kleine Stücke schneiden und auf dem Mehlrand verteilen. Alles zügig erst mit den Knethaken des Handrührgeräts und dann noch kurz mit den Händen zu einem geschmeidigen Teig verkneten. Den Teig zu einer Kugel formen 30 bis 60 Minuten kalt stellen.

- Den Mürbteig ausrollen und in eine mit Backpapier ausgelegte Springform geben, dabei einen Rand hochziehen. Erneut kurz kühl stellen.

- Für die Käsekuchenmasse den Magerquark mit Schmand, Zucker, Vanillezucker, Zitronenschale und 1 Prise Salz verrühren. Dann die Eier und die Speisestärke dazugeben und alles gründlich verrühren. Die Hälfte des Teigs abnehmen und beiseitestellen. Unter die andere Hälfte das Kakaopulver rühren.

- Den Backofen auf 160 °C (Umluft) vorheizen. Die helle und dunkle Masse abwechselnd mit einem Esslöffel auf dem Teig in der Springform verteilen, bis die Masse aufgebraucht ist. So entsteht später das Zebramuster. Den Kuchen 60 bis 75 Minuten im vorgeheizten Ofen backen. Wenn er gerade Farbe bekommt, ist er fertig. Aus dem Ofen nehmen, kurz abkühlen lassen und nach Belieben mit Puderzucker bestäuben.

## Zutaten:

**Für den Mürbteig:**
300 g Mehl
100 g Zucker
Salz
1 Msp. abgeriebene Bio-Zitronenschale
1 Bio-Ei (Gr. M)
200 g kalte Butter

**Für die Käsekuchenmasse:**
800 g Magerquark
200 g Schmand
180 g Zucker
1 Päckchen Bourbon-Vanillezucker
½ TL abgeriebene Bio-Zitronenschale
Salz
4 Bio-Eier (Gr. M)
80 g Speisestärke
40 g Kakaopulver

**Außerdem:**
Puderzucker (nach Belieben)

NACHMITTAGSKAFFEE

**Münchner Küche**   *www.muenchner-kueche.de*

# Sizilianisches Mandelgebäck

München gilt vielen als Vorort Italiens, das wirkt sich natürlich darauf aus, was in der bayerischen Hauptstadt auf den Tisch kommt. Auch Ines Karlin schwärmt für alles Kulinarische zwischen Trient und Palermo und träumt sich gern in Richtung Süden. „Urlaubsfeeling am Gaumen" nennt sie das. Aufgewachsen ist sie in der Nähe von Stuttgart, bevor sie 2012 nach Bayern zog. Ihre berufliche Tätigkeit beschreibt sie wie folgt: „Als Verlagsherstellerin betreue ich die Herstellung von Büchern, von der Vorbereitung für den Satz über Veredelungen auf dem Umschlag bis hin zum fertigen Exemplar." Kochen und Backen sind für sie Ausgleich und lieb gewonnene Gewohnheit zugleich, ihr Blog eine Möglichkeit, bewährte Rezepte mit Freunden und der restlichen Welt zu teilen. Praktisch für ihre Arbeitskollegen: Jeden Montag gibt es selbst gebackenen Kuchen. Ganz in den Süden, nach Sizilien, geht es mit der Pasta di mandorle. Anders als der Name vermuten ließe, handelt es sich dabei nicht um Nudeln, sondern um ein feines Gebäck, das lediglich aus fünf Zutaten besteht: gemahlenen Mandeln, Zucker, Eiweiß, Puderzucker und Bittermandelaroma.

**PORTIONEN:** etwa 40 Stück | **ZUBEREITUNG:** 1 Std. 30 Min. + Kühlzeit über Nacht

### Zubereitung:

- Mandeln, Zucker, Bittermandelaroma und Eiweiß in eine Schüssel geben und mit den Händen zu einem glatten Teig verkneten (das braucht etwas Zeit). Es entsteht eine leicht klebrige Masse. Etwa 30 Minuten in den Kühlschrank stellen.

- Den Puderzucker in eine kleine Schüssel füllen. Den Teig aus dem Kühlschrank nehmen und walnussgroße Kugeln daraus formen. Im Puderzucker wälzen und auf ein Brett legen. Mit Daumen und Zeigefinger leichte Kerben eindrücken. So erhält das Mandelgebäck seine typische Form.

- Das Mandelgebäck über Nacht in den Kühlschrank stellen. Am nächsten Tag bei 170 °C (Ober-/Unterhitze) 15 Minuten backen. Nicht länger, sonst werden die Kekse trocken. Auskühlen lassen und genießen.

### Zutaten:

300 g gemahlene Mandeln (ohne Haut)
250 g Zucker
½ Fläschchen Bittermandelaroma
1 Eiweiß (Gr. M)
Puderzucker zum Wälzen

NACHMITTAGSKAFFEE

**Little Bee**  *www.blog.littlebee.at*

# Rote-Bete-Brownies mit Schokolade

Erstaunlich, was man einem Gemüse so alles antun kann. Totgegart, geschmacksneutral und einvakuumiert darbt die Rote Bete im Supermarktregal dahin, als Alibi-Salatzutat und zur Beruhigung des schlechten Gewissens, wenn die Zeit zum Kochen mal wieder nicht gereicht hat. Wie ungerecht. Schließlich gehört sie zu den vielfältigsten Gemüsesorten überhaupt. Unter einer unscheinbaren Schale verbirgt sich eine wahre Superkraft, die im Rohzustand erdig schmeckt und beim Backen Karamellaromen entfaltet. Auch die Bloggerin Michaela Titz, die mit Mann und drei Kindern am Stadtrand von Wien lebt, ist bekennender Fan. „Die Rote Rübe, wie wir sie in Österreich nennen, wird meiner Meinung nach total unterschätzt. Sie ist wahnsinnig vielseitig, passt sich sogar Süßspeisen an und ist mit ihrem hohen Gehalt an Vitamin B, Kalium, Eisen und Folsäure noch dazu sehr gesund." Statt auf vakuumierte Massenware zu setzen, bereitet sie aus frischen Exemplaren etwas zu, womit nun wirklich niemand gerechnet hätte: Brownies.

## Zubereitung:

- Die Rote Bete schälen (am besten mit Küchenhandschuhen) und in kleine Würfel schneiden. In einem Topf mit Wasser bedecken und auf mittlerer Stufe weich kochen.

- In der Zwischenzeit die Butter mit der Kochschokolade in einem Topf (oder über dem heißen Wasserbad) bei mittlerer Hitze zerlassen. Mit den restlichen Zutaten zu einem glatten Teig verrühren. Die weich gekochte Rote Bete mit dem Stabmixer oder im Mixer pürieren und unter die restliche Kuchenmasse heben. Wer es süßer möchte, den braunen Zucker dazugeben. Den Backofen auf 180 °C (Umluft) vorheizen.

- Die Masse in eine gefettete und bemehlte Auflaufform gießen. Den Kuchen im vorgeheizten Ofen 25 bis 30 Minuten backen.

- Den Kuchen abkühlen lassen und in gleich große Würfel schneiden.

**PORTIONEN:** 8 | **ZUBEREITUNG:** 1 Std.

## Zutaten:

1–2 Rote Beten (etwa 350 g)
80 g Butter
200 g dunkle Koch- oder Backschokolade
200 g Mehl
3 Eier (Gr. M)
½ Päckchen Backpulver
60–80 g brauner Zucker (nach Belieben)
Butter zum Einfetten

NACHMITTAGSKAFFEE

**Frau Zuckerstein**     *www.frauzuckerstein.de*

# Dattelstückchen mit Cashewkerncreme

Natürlich muss man beim Kreieren und Experimentieren in der Küche immer mal wieder probieren. Aber Vorsicht: Bei der Cashewkerncreme, die als Basis für diese Dattelstückchen dient, kann es schnell passieren, dass nicht mehr genug für den Kuchen übrig bleibt. Tanja Gehringer (siehe auch S. 16) weiß das aus eigener Erfahrung. Ob wohl wirklich nur die anderen Leckermäuler in ihrem Haushalt genascht haben?

**PORTIONEN:** für 1 kleines Backblech (25 x 18 cm; etwa 9–12 Stücke)
**ZUBEREITUNG:** 30 Min. + Einweichzeit über Nacht + 4 Std. Kühlzeit

## Zubereitung:

- Für die Füllung die Cashewkerne über Nacht in Wasser einweichen.

- Am nächsten Tag das Backblech mit Backpapier auslegen. Das Backpapier an den Seiten etwas hochziehen.

- Für den Boden die Datteln entsteinen und mit den Mandeln und der Kokosmilch in den Mixer geben und gründlich mixen. Die Masse auf das Backblech geben und vorsichtig mit einem Löffel verteilen.

- Für die Füllung die eingeweichten Cashewkerne zusammen mit der Kokosmilch in den Mixer geben. Die Zitronen auspressen und den Saft dazugeben. Die Vanilleschote der Länge nach aufschneiden, das Mark herauskratzen und mit dem Honig dazugeben. Die Masse mixen, bis sie cremig weich ist. Die Hälfte der Masse auf den Dattelboden streichen und das Blech in den Gefrierschrank stellen.

- Die Brombeeren waschen und zur restlichen Dattelmasse geben. Das Ganze nochmals in den Mixer geben und mixen. Den Kuchen aus dem Gefrierschrank nehmen und die zweite Masse daraufstreichen. Den Kuchen etwa 4 Stunden im Gefrierschrank fest werden lassen.

- Der Kuchen kurz vor dem Verzehr aus dem Gefrierschrank nehmen. Die Feigen in Scheiben schneiden und den Kuchen damit garnieren.

## Zutaten:

**Für die Füllung:**
400 g Cashewkerne
180 ml Kokosmilch
2 Zitronen
1 Vanilleschote
4 EL Honig
10 Brombeeren

**Für den Boden:**
250 g frische Datteln
100 g Mandeln (ohne Schale)
1 EL Kokosmilch

**Außerdem:**
4–5 Feigen

NACHMITTAGSKAFFEE

**Butter und Zucker**   *www.butterundzucker.com*

# Rhabarberstrudel

Lehrer gehören nicht unbedingt zu den beliebtesten Berufsgruppen. Um größeres Unheil abzuwenden, bringt Melanie Haselsteiner ihren Schülerinnen und Schülern regelmäßig Kuchen mit, zum Ferienbeginn, als Belohnung, zur Motivation – oder einfach nur so. Der Name ihres 2014 gegründeten Blogs Butter und Zucker hat durchaus seine Berechtigung: Margarine käme der Wienerin nie ins Haus und ohne Zucker schmeckt ihr auch der Kaffee nicht. Bedauerlich, dass Backen noch immer kein anerkanntes Schulfach ist, nicht mal im Mehlspeisenparadies Österreich.

## Zubereitung:

- Den Rhabarber putzen, schälen und in ½ cm große Stücke schneiden. Mit dem Kristallzucker vermischen und 15 Minuten ziehen lassen.

- In der Zwischenzeit etwas Butter in einem kleinen Topf zerlassen und die Semmelbrösel darin goldbraun anrösten. Mandeln/Nüsse, Puderzucker, Vanillezucker und Zitronenschale dazugeben und verrühren.

- Den Backofen auf 200 °C (Ober-/Unterhitze) vorheizen. Den Rhabarber in ein Sieb abgießen und abtropfen lassen. Den Blätterteig entrollen, mit jeweils der Hälfte der Brösel-Nuss-Zucker-Mischung bestreuen und dann mit dem Rhabarber belegen. Den Teig seitlich einschlagen und aufrollen. Mit flüssiger Butter bestreichen.

- Ein Backblech mit Backpapier belegen. Die Strudel daraufgeben und im vorgeheizten Ofen etwa 25 Minuten backen. Der Strudel schmeckt am nächsten Tag noch besser als direkt nach dem Backen.

**PORTIONEN:** 2 Längen Strudel | **ZUBEREITUNG:** 1 Std.

## Zutaten:

500 g Rhabarber
100 g Kristallzucker
einige EL Butter
50 g Semmelbrösel
100 g gemahlene Mandeln oder Haselnüsse (oder eine Mischung aus beiden)
100 g Puderzucker
1 Päckchen Vanillezucker
abgeriebene Schale von 1 Bio-Zitrone
2 Packungen Blätterteig (am besten Dinkelblätterteig)
flüssige Butter zum Bestreichen

NACHMITTAGSKAFFEE

**Nicest Things**   www.nicestthings.com

# Cookie Dough Cheesecake mit Salted Caramel Swirl

Diesen Kuchen hat Verena Susanna Wohlleben (siehe auch S. 92) sich für ein Blogger*innen-Event einfallen lassen: den Salted Caramel Boom! Bedingung war, dass Salzkaramell, Schokolade und Kekse auf der Zutatenliste des Rezepts stehen. Die Bloggerin entschied sich für einen Boden aus Schokokeksteig, auf den sie eine cremige Vanille-Cheesecake-Masse setzte und das Ganze mit weißer Schokolade und Salzkaramellsauce toppte. Boom!

## Zubereitung:

**PORTIONEN:** für 1 Springform (22 cm Ø) | **ZUBEREITUNG:** 2 Std. 40 Min. + mind. 2 Std. Kühlzeit

- Für den Cookie Dough das Mehl in eine ofenfeste Form geben und 10 Minuten bei 120 °C im Backofen erhitzen. Abkühlen lassen.

- Butter, Zucker und Vanille cremig rühren. Das abgekühlte Mehl mit Backpulver und 1 Prise Salz vermischen, mit den Knethaken des Handrührgeräts in die Butter-Zucker-Masse einarbeiten. Die Milch untermischen, bis eine homogene Masse entstanden ist. Die Schokotropfen unterrühren.

- Den Keksteig etwa 15 Minuten in den Kühlschrank stellen. Danach zu Kügelchen rollen und auf Backpapier bis zur weiteren Verwendung im Kühlschrank lagern, mindestens aber 30 Minuten.

- Für den Boden die Chocolate Chip Cookies im Mixer zu feinen Krümeln mahlen. Die Butter zerlassen und mit den Keksbrümeln zu einer homogenen Masse vermischen. Die Springform einfetten, mit Backpapier auslegen und die Cookie-Butter-Masse hineindrücken. An den Seiten hochziehen. In den Kühlschrank stellen.

- Für die Cheesecake-Masse die weiße Schokolade fein hacken und in eine hitzebeständige Schüssel geben. 50 g Sahne erhitzen, kurz bevor sie aufkocht, vom Herd nehmen. Über die Schokolade gießen, abdecken und nach 3 Minuten Ziehzeit umrühren, bis sich die Schokolade gelöst hat. Kurz abkühlen lassen. Frischkäse, Quark, Zucker und Vanille klümpchenfrei verrühren. Die Schokoladensahne einrühren.

- Wird Gelatine fix verwendet, zuerst 150 g Sahne und dann Gelatine fix zügig in die Cheesecake-Masse einrühren. Wird Agar-Agar verwendet, dieses mit 150 g Sahne klümpchenfrei verrühren, 2 Minuten unter Rühren aufkochen. Danach zügig mit der Cheesecake-Masse auf hoher Stufe verrühren.

- Zügig die Schokoladentropfen und zwei Drittel Cookie-Dough-Bällchen unterheben. Die Cheesecake-Masse in die Form auf den Keksboden gießen, glatt streichen und mindestens 2 Stunden in den Kühlschrank stellen.

- Für die Salzkaramellsauce den Zucker in einen Topf geben, bei mittlerer Hitze schmelzen lassen. Ohne Rühren langsam erhitzen, bis der geschmolzene Zucker goldbraun wird. Butter zugeben, mit dem Schneebesen rühren, bis die Masse homogen ist. Unter Rühren langsam Sahne dazugießen. Weiterrühren, bis sich alles gut vermischt hat, und abkühlen lassen. Mit 1 Prise Meersalz – oder mehr, je nach Vorliebe – abschmecken.

- Vor dem Servieren die Salzkaramellsauce spiralförmig auf dem Cheesecake verteilen. Mit den übrigen Cookie-Dough-Kugeln und nach Belieben Schokotropfen dekorieren.

**NACHMITTAGSKAFFEE**

## Zutaten:

### Für den Cookie Dough:
120 g Mehl
120 g weiche Butter
150 g Zucker
Vanillepaste, -extrakt oder -mark (nach Wahl)
¼ TL Backpulver
Salz
2–3 EL Milch
100 g Schokotropfen

### Für die Cheesecake-Masse:
100 g weiße Schokolade
200 g Sahne
400 g Frischkäse (Vollfettstufe)
200 g Quark (20 % Fett)
80 g Zucker
Vanillepaste, -extrakt oder -mark (nach Wahl)
2 Beutel Gelatine fix (2 x 15g = 30 g) oder 2 TL Agar-Agar
100 g Schokotröpfchen

### Für den Boden:
300 g Chocolate Chip Cookies
125 g Butter

### Für die Salzkaramellsauce:
100 g Zucker
50 g Butter
80 g Sahne
Meersalz

# Dinner

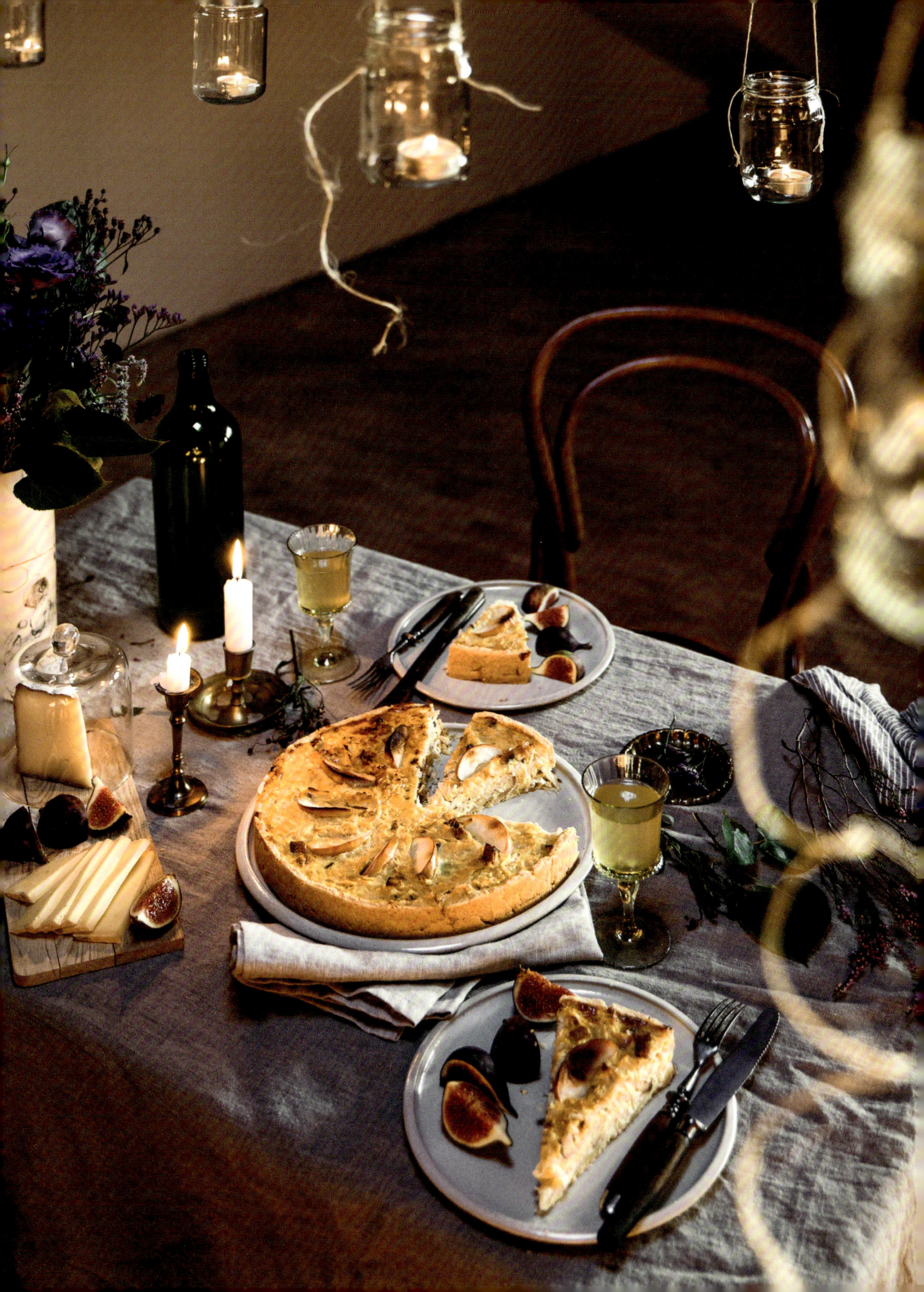

**Heisse Himbeere**    *www.heissehimbeeren.com*

# Scharfe Miso-Ramen

Hauptberuflich kümmert sich Annelie Ulrich um das Online Marketing des Küchen&Design Magazins. Nebenbei betreibt sie ihren Blog Heisse Himbeeren, mit Rezepten, die oft in die Kategorie Souldfood fallen. Wie sie kochen gelernt hat? „Zu einem Großteil durch das Grundlagenwerk ‚Ich helf Dir kochen' von Hedwig Maria Stuber. Alle Rezepte sind gelingsicher und mit Sinn und Verstand geschrieben. Auch nach vielen Jahrzehnten eine echte Empfehlung!" An der Küche ihrer Heimatstadt München schätzt sie vor allem eine deftige Brotzeit mit Käse, Obatztem und einer frisch gebackenen, reschen Brez'n. In die Ferne schweift hingegen ihr Sonntagsessen, eine ebenfalls deftige Miso-Ramen. Im Sommer kommen Nudelsuppen in Japan auch mal kalt auf den Tisch, hierzulande ist die warme Variante meistens vorzuziehen.

## Zubereitung:

**PORTIONEN:** 2 | **ZUBEREITUNG:** 15 Min. + 24 Std. Ziehzeit

- Für das Chiliöl die Chilischote putzen, waschen und fein hacken. Mit Chiliflocken und Öl vermischen und mindestens 1 Tag ziehen lassen.

- Für den Tofu den Tofu in etwa 1 cm große Würfel schneiden. Knoblauchzehe und Ingwer schälen und fein hacken. Tofuwürfel mit Knoblauch und Ingwer in eine Schüssel geben. Mit Sojasauce und Sesamöl marinieren. Das kann bereits 1 Tag vorher geschehen.

- Für die Suppe die Gemüsebrühe mit 300 ml Wasser vermischen. Die Brühe aufkochen. In einem zweiten Topf etwa 2 l Wasser zum Kochen bringen. Die beiden Eier direkt aus dem Kühlschrank in das kochende Wasser geben und 9 Minuten garen. Aus dem Wasser nehmen und die Nudeln nach Packungsanweisung in das kochende Wasser geben.

- Die Enoki- und Shimeji-Pilze putzen, von der Wurzel befreien und in etwa 8 mundgerechte Portionen zerteilen. Die Pilze etwa 2 Minuten in der heißen Brühe garen.

- Etwas Öl in einer kleinen Pfanne erhitzen und den Tofu ohne Marinade darin knusprig anbraten. Je 1 TL Misopaste, 1 TL Chiliöl und 1 EL Haferdrink in zwei große Suppenschüsseln geben. Mit etwas Brühe aufgießen und mit einem Schneebesen Chiliöl, Haferdrink, Misopaste und Brühe vermischen, dann die restliche Brühe gleichmäßig auf die beiden Schüsseln verteilen. Die gegarten Nudeln hineingeben. Die Pilze gleichmäßig auf die Schüsseln verteilen. Die Eier schälen, halbieren und ebenfalls zur Suppe geben. Die Frühlingszwiebeln gleichmäßig auf beide Schüsseln verteilen. Die Ramen-Suppe mit Sesam und Chiliöl würzen und sofort heiß servieren.

DINNER

## Zutaten:

**Für das Chiliöl:**
1 Chilischote
1 TL Chiliflocken
2 EL Sonnenblumenöl

**Für den marinierten Tofu:**
150 g Tofu
1 Knoblauchzehe
1 daumengroßes Stück Ingwer
4 EL Sojasauce
1 TL Sesamöl

**Für die Ramen:**
½ l Gemüsebrühe
2 Bio-Eier (Gr. L)
400 g Ramen-Nudeln
100 g Enoki-Pilze
100 g Shimeji-Pilze
2 TL helle Misopaste
2 EL Haferdrink
2 EL Frühlingszwiebeln

**The Culinary Trial**  *www.the-culinary-trial.de*

# Süßkartoffel-Linsen-Suppe mit Koriander-Erdnuss-Pesto und Ziegenkäse

Auf die Frage, welcher Geschmack ihre Kindheit geprägt hat, antwortet Maike Klose erst einmal ausweichend. „Kindgerecht" seien die Speisen ihrer Mutter gewesen: „Es gab häufig Kartoffelbrei mit Möhren und Klopsen, Milchreis, Hähnchencurry mit Ananas, Hackfleisch-Mais-Pfanne, Nudeln mit Ketchup oder Igelwürstchen." An Mamas freien Tagen bekam sie Papas Kartoffelsuppe vorgesetzt, „nur echt mit sauren Gurkenwürfelchen". Nicht zu vergessen Omas Grapefruitlimonade. Der kreative Umgang mit Essen liegt also in der Familie. Wenn Klose in ihrer Heimatstadt Leipzig auswärts essen geht, dann mit dem Fokus auf frische, meist vegetarische Speisen. In ihrer freien Zeit backt sie am liebsten Kuchen. Dementsprechend hoch ist der Anteil an süßen Rezepten auf The Culinary Trial. Darf man als Erwachsene als Lieblingsessen Butter-Walnuss-Torte angeben? Man darf. Und als liebste Küchengeräte Waffeleisen und Eismaschine? Natürlich. So eine Mutter hätte schließlich jedes Kind gern.

## Zubereitung:

**PORTIONEN:** 4 | **ZUBEREITUNG:** 40 Min.

- Für die Suppe Sellerie, Zwiebel, Knoblauchzehen und Süßkartoffeln schälen und in Würfel schneiden. Etwas Öl in einem Topf erhitzen und alles darin kurz andünsten, mit der Kokosmilch ablöschen und mit Wasser aufgießen, bis alles bedeckt ist. Etwas salzen, dann aufkochen und die Linsen hinzufügen. Die Suppe so lange kochen, bis die Süßkartoffelstücke weich sind.

- Alles pürieren und dabei mit Wasser verdünnen, bis die gewünschte Konsistenz erreicht ist. Mit Salz, Pfeffer, Kreuzkümmel, Ingwer und Orangensaft abschmecken.

- Für das Pesto den Koriander waschen, trocken schütteln und die Stiele entfernen, dann das Grün grob hacken. Die Knoblauchzehen schälen und fein hacken, dann zusammen mit dem Koriander, den Erdnüssen und so viel Öl pürieren, bis eine weiche Paste entstanden ist. Mit Salz und Orangensaft abschmecken.

- Die Suppe auf Teller verteilen und mit je 1 großen Klecks Pesto und etwas zerkrümeltem Ziegenfrischkäse bestreut serviert.

### Zutaten:

**Für die Suppe:**
200 g Knollensellerie
1 Zwiebel
2 Knoblauchzehen
500 g Süßkartoffeln
Öl, Salz, Pfeffer
1 Dose Kokosmilch (400 g)
300 g rote Linsen
etwas gemahlener Kreuzkümmel
etwas gemahlener Ingwer
einige Spritzer frischer Orangensaft
200 g Ziegenfrischkäse

**Für das Pesto:**
120 g Koriandergrün (etwa 2 große Bund oder ein Mix mit Petersilie)
3 Knoblauchzehen
100 g geröstete und gesalzene Erdnüsse
Olivenöl, Salz
einige Spritzer frischer Orangensaft

DINNER

**salt'n sugar**   *www.saltsugar.de*

# Quinoasalat mit Rhabarberdressing

„Das schnelle Großstadtleben weckt bei vielen den Wunsch, dass die Zubereitung von Essen hauptsächlich schnell geht. Uns ist es aber wichtig, einen Blick für das zu bewahren, was gerade wächst", sagt Juliane Breiert. Gemeinsam mit ihrer Freundin Alina Wohldorf betreibt sie von Hamburg aus den Blog salt'n sugar. Beide Frauen wissen, wovon sie sprechen und schreiben: Breiert ist Foodfotografin und Designerin, ihre Freundin Foodstylistin und Grafikerin. Entsprechend teilen sie die Aufgaben ihres Blogs auf. Wohldorf erzählt: „Meine Vorliebe, Essen in Szene zu setzen, habe ich vermutlich von meinem Großvater geerbt. Um uns Kindern eine Freude zu machen, hat er jede Karotte, die er in die Finger bekam, in Blumenform geschnitzt." Keine Sorge, das Sonntagsessen der beiden verlangt keine besonderen Schnitzfertigkeiten. Stattdessen richtet es den Blick auf die beiden Stars des Frühsommers, den so hoffnungsvoll grünen Spargel und Rhabarber, pink wie der erste Sonnenbrand des Jahres.

## Zubereitung:

**PORTIONEN:** 2 | **ZUBEREITUNG:** 30 Min.

- Die Quinoa nach Packungsanweisung zubereiten. Die Eier in kochendem Wasser 6 Minuten wachsweich kochen. Anschließend pellen und halbieren.

- Die Radieschen putzen, waschen und in sehr feine Scheiben schneiden oder hobeln. Mit 1 EL Essig, Salz und 1 Prise Zucker in eine Schüssel geben und ziehen lassen.

- Den Spargel waschen, im unteren Drittel schälen und die holzigen Enden abschneiden. Das Öl in eine heiße Pfanne geben und den Spargel darin rundherum etwa 6 Minuten braten.

- Für das Dressing Olivenöl, restlichen Essig, Rhabarbersaft, Salz und Pfeffer miteinander verrühren.

- Die Quinoa in eine Schüssel geben. Die Radieschen ohne Sud und das Dressing dazugeben und verrühren. Quinoa auf Teller verteilen. Spargel und Eier jeweils darauf verteilen und den Schafskäse darüberkrümeln.

### Zutaten:

200 g bunte Quinoa
2 Eier (Gr. M)
6 Radieschen
5 EL heller Essig
Salz
Zucker
8 Stangen grüner Spargel
2 EL Öl
8 EL Olivenöl
4 EL Rhabarbersaft
Salz
Pfeffer
100 g Schafskäse

DINNER

Pias Deli  www.piasdeli.de

# Gebeizter Lachs mit Blutorangen und Martini

Pia Rheingans könnte das Kochen aufs Notwendigste beschränken. Schließlich ist sie mit ihren anderen Aufgaben bereits gut ausgelastet: Die Hamburgerin arbeitet als Oberärztin für Neurologie, ist Mutter eines Kindes und hat diverse Hobbys, von Yoga über Lesen bis hin zu Reisen in ihre Sehnsuchtsstadt Kapstadt. Dennoch nimmt sie sich Zeit für Küchenexperimente und betreibt nebenbei mit Pias Deli ihren eigenen Blog. Die gebürtige Bielefelderin genießt gern, kann sich für Austern und Crémant beziehungsweise Champagner ebenso begeistern wie für Entrecôte und Zitronensorbet mit Wodka. Der Name ihres Blogs verrät etwas über ihren Lebenstraum B: „Früher wollte ich tatsächlich gern ein kleines Deli eröffnen. Mit verschiedenen Delikatessen, eigenen Produkten und einer Salatbar." Aufgrund ihres Sicherheitsbedürfnisses sei sie irgendwann davon abgekommen. Weil man „Medizin nun mal nicht als Hobby betreiben kann", bleibt es also vorerst bei einer digitalen Rezeptsammlung.

## Zubereitung:

- Das Lachsfilet waschen und eventuell vorhandene Gräten entfernen. Die Orangen waschen und in Scheiben schneiden. Thymian waschen und trocken schütteln.

- Salz und Zucker mit den Orangen und den Thymianzweigen auf dem Lachs verteilen. Mit dem Martini in einen Plastikbeutel füllen und vakuumieren oder fest in Frischhaltefolie einwickeln. Etwa 24 Stunden im Kühlschrank beizen, zwischendurch wenden.

- Den Lachs aus der Verpackung nehmen und vorsichtig mit ein wenig kaltem Wasser abwaschen. In dünne Scheiben schneiden und mit Meerrettich servieren.

**PORTIONEN:** 4 als Vorspeise | **ZUBEREITUNG:** 24 Std.

### Zutaten:

500 g Lachsfilet (ohne Haut)
2 Blutorangen
4 Zweige Thymian
80 g Salz
120 g brauner Zucker
60 ml Martin
etwas Meerrettichi

DINNER

**Sophia Hoffmann**  *www.sophiahoffmann.com*

# Brotlinge mit knusprigen Ofenpommes

Beim Wort Resteverwertung läuft einem nicht unbedingt das Wasser im Mund zusammen. Zum Glück gibt es dafür mittlerweile einen Namen, der gleich viel hipper klingt: Zero Waste Cooking. Dafür kann sich auch Sophia Hoffmann begeistern. Neben pflanzlicher Küche setzt sich die Wahlberlinerin für Umweltschutz, Nachhaltigkeit und Feminismus ein. Und zwar als Speakerin ebenso wie als Köchin, Aktivistin und Autorin. Eines ihrer beliebtesten Rezepte im zuletzt erschienen Buch zum Them Zero Waste Cooking sind diese Brotlinge. Kein Wunder: Altes Brot sammelt sich überall an. Statt es an Enten zu verfüttern oder – und das passt nun wirklich nicht mehr zum Zeitgeist – es wegzuwerfen, wird daraus eine köstliche Resteverwertung. Mit den eigenen Worten der gebürtigen Münchnerin: ein „Restlfestl".

## Zubereitung:

**PORTIONEN:** 2 | **ZUBEREITUNG:** 40 Min.

- Den Backofen auf 200 °C (Ober-/Unterhitze) vorheizen. Das Brot in Scheiben oder Würfel schneiden. In einer Schüssel mit kochendem Wasser übergießen, sodass alles gut bedeckt ist. Je nach Größe der Brotstücke 5 bis 10 Minuten einweichen.

- Für die Pommes die Kartoffeln waschen, wenn sie aus Bio-Anbau sind, kann die Schale dranbleiben. Zuerst in Scheiben, dann in Stäbchen schneiden. Die Kartoffelstäbchen mit Öl, Paprikapulver, Polenta und etwas Salz und Pfeffer in einen Behälter mit Deckel geben und gut durchschütteln. Die Kartoffeln auf einem Backblech verteilen und im vorgeheizten Ofen 10 Minuten backen. Anschließend mit einem Pfannenwender wenden und weitere 10 Minuten backen, bis die Pommes schön gebräunt und knusprig sind.

- In der Zwischenzeit die Brotlinge zubereiten. Dafür das eingeweichte Brot in ein Sieb abgießen. Zwiebeln oder Frühlingszwiebeln schälen bzw. putzen, waschen und fein würfeln. Zusammen mit den Semmelbröseln unter die Brotstücke kneten. Mit Salz und Pfeffer würzen. Nach Belieben weitere fein gewürfelte Zutaten (siehe Zutaten) unterrühren. Wichtig ist, dass die Masse nicht zu feucht und formbar ist. Nach Bedarf mehr Semmelbrösel dazugeben, diese saugen die Feuchtigkeit auf. Aus der Masse Patties formen. In einer Pfanne mit ausreichend Öl von beiden Seiten knusprig braten.

- Die Brotlinge mit Pommes anrichten. Dazu passen frischer Salat, Pickles, Ketchup, Senf oder andere Saucen.

DINNER

## **Zutaten:**

**Für die Brotlinge:**
200 g altbackenes Brot
1 mittelgroße Zwiebel oder
3–4 Frühlingszwiebeln
3–4 EL Semmelbrösel
Salz, Pfeffer
1 Handvoll Spinat, Rucola, Petersilie, Kapern, getrocknete Tomaten, Pilze, Oliven (nach Belieben)
Öl

**Für die Pommes:**
250 g Kartoffeln
2 EL Pflanzenöl (z. B. Sonnenblumen- oder Rapsöl)
1 TL Paprikapulver
1 EL Polentagrieß
Salz, Pfeffer

Berliner Speisemeisterei  *www.berlinerspeisemeisterei.de*

# Thunfisch mit indischem Kassoundi

Zwei Sorten Köche gibt es: Die einen können sich nach Feierabend nicht mal mehr zum Spiegeleimachen aufraffen. Die anderen legen dann erst richtig los. Auf Steffen Sinzinger trifft Letzteres zu. Nach einer Zeit im Berliner Restaurant Blend hat er im Zuge der Corona-Pandemie auf einen veganen Lieferservice namens GOOD'n Vegan umgesattelt. Nebenbei schreibt und fotografiert er mit Leidenschaft für seinen Blog Berliner Speisemeisterei. Seine Küchenphilosophie umschreibt der gebürtige Thüringer als Fusion-Food. „Meine frühere Begeisterung für Fine Dining hat sich inzwischen gelegt. Statt Hummer und Materialschlachten auf dem Teller bevorzuge ich heute einen puristischen und authentischen Stil und lokale Köstlichkeiten wie Brandenburger Büffelmozzarella." Oder Thunfisch, den er mit der indischen Würzsauce Kassoundi kombiniert. Dazu gibt es Auberginen der Sorte Perlina – sie sind länglicher und dünner als herkömmliche Exemplare – und britisch inspirierte Zitronenmayonnaise. Ziemlich ambitioniert für einen Koch, der gerade frei hat.

### Zubereitung:

**PORTIONEN:** 4 | **ZUBEREITUNG:** 1 Std. + mind. 1 Tag Ruhezeit

- Den Thunfisch in etwas Rapsöl von allen Seiten kurz scharf anbraten. Vorsicht, er sollte innen roh bleiben. Knoblauch und Ingwer schälen und fein hacken. Anschließend aus der Sojasauce, 1 EL Wasser, Knoblauch, Ingwer, 1 Prise Zucker und etwas Pfeffer eine Sojamarinade herstellen. Den Thunfisch darin einlegen, vakuumieren und mindestens 1 Tag ruhen lassen.

- Für das Kassoundi Ingwer und Knoblauch schälen und in feine Scheiben schneiden. Tomaten waschen, halbieren, entkernen und würfeln. Ingwer und Knoblauch in wenig Öl andünsten. Zucker und Honig zugeben und karamellisieren lassen. Das Tomatenmark zufügen, anschwitzen, dann Kreuzkümmel, Koriander und körnigen Senf dazugeben. Mit Champagneressig ablöschen. Die Tomatenwürfel hinzufügen und alles einmal aufkochen lassen. In einem kalten Gefäß abkühlen lassen, mit Salz und Pfeffer abschmecken und, falls nötig, leicht mit Kaltsaftbinder abbinden.

- Für die Zitronenmayonnaise Eigelbe mit Senf und Zitronensaft mit einem Schneebesen verrühren. Das Öl zuerst tropfenweise, dann in einem dünnen Strahl unter ständigem Rühren einlaufen lassen. So lange verrühren, bis eine cremige Konsistenz entstanden ist. Zum Schluss mit Zitronenschale, Salz, Pfeffer und ein wenig Zucker abschmecken.

- Die Auberginen im Ganzen frittieren, dann dritteln. Den Thunfisch aus dem Vakuumierbeutel nehmen, längs in Scheiben schneiden und bei 50 °C 7 bis 8 Minuten im Backofen warm garen.

- Die Teller mit Sojamarinade bestreichen. Den Thunfisch auf die Teller verteilen, mit Kassoundiragout bestreichen. Auberginen und Zitronenmayonnaise dazugeben und mit in Essig und Öl mariniertem Salat servieren.

**DINNER**

## Zutaten:

**Für den Thunfisch:**
280 g Thunfisch (Sashimi-Qualität)
Rapsöl
3 g Knoblauch
5 g Ingwer
2 EL Sojasauce
Zucker
Pfeffer
4 Auberginen (Perlina)
4 Handvoll Blattsalat (Mesclun)
Essig
Öl

**Für das Kassoundi:**
15 g Ingwer
5 g Knoblauch
250 g Tomaten
Öl
5 g Zucker
5 g Honig
15 g Tomatenmark
2 g gemahlener Kreuzkümmel
2 g gemahlener Koriander
15 g körniger Senf (z. B. Pommery)
2 g Champagneressig
Salz
Pfeffer
Kaltsaftbinder (optional pflanzliches Bindemittel, z. B. Agar-Agar)

**Für die Zitronenmayonnaise:**
3 Eigelb
1 EL Dijon-Senf
1 EL Zitronensaft
200 ml Pflanzenöl
abgeriebene Schale von 1 Bio-Zitrone
Salz
Pfeffer
Zucker

145

**nutsandblueberries** — *www.nutsandblueberries.de*

# Bunte Tomatenquiche mit lockerem Quarkteig

Was eine Quiche wirklich nicht unbedingt braucht: Fleisch. Janine Hegendorf (siehe auch S. 12) setzt stattdessen auf erntereife Tomaten aus ihrem eigenen Gewächshaus. Zusammen mit Ziegenkäse und frischen Kräutern wird daraus ein Gericht, das bodenständig und originell zugleich sein kann und in Frankreich zu Recht als Klassiker gilt. Bon appétit! Reste schmecken übrigens auch am folgenden Tag zum Lunch.

## Zubereitung:

**PORTIONEN:** 4–6 | **ZUBEREITUNG:** 50 Min.

- Für den Teig alle Zutaten mit der Hand verkneten, in Frischhaltefolie wickeln und 30 Minuten in den Kühlschrank legen.

- In der Zwischenzeit für die Füllung die Cocktailtomaten sowie die große Tomate waschen und halbieren. Die Gemüsezwiebel schälen und in Streifen schneiden. Den Backofen auf 160 °C (Umluft) vorheizen.

- Die Eier verrühren. Schmand und Ziegenkäse unterheben. Kräftig mit Salz und Pfeffer würzen.

- Eine Quicheform mit etwas Butter oder Öl einfetten. Den Teig mit den Fingern in die Form drücken, dabei einen Rand hochziehen. Gemüsezwiebel und Cocktailtomaten auf dem Teig verteilen. Die Füllung daraufgeben. Die Quiche im vorgeheizten Ofen 25 bis 35 Minuten backen.

- Das Basilikum waschen, trocken schütteln und in Streifen schneiden. Zum Schluss auf der Quiche verteilen. Die Quiche schmeckt kalt und warm, dazu passt ein frischer Blattsalat.

### Zutaten:

**Für den Teig:**

75 g Dinkelmehl (Type 630)
75 g Vollkorndinkelmehl oder Dinkelmehl Type 630
150 g Quark (20 % Fett)
100 g kalte Butter
Butter oder Öl zum Einfetten

**Für die Füllung:**

350 g Cocktailtomaten
1 große Tomate
1 große Gemüsezwiebel
3 Bio-Eier
200 g Schmand
150 g geriebener Ziegenkäse
Salz, Pfeffer
1 Handvoll frische Basilikumblätter

DINNER

**Mein kleiner Foodblog**  *www.meinkleinerfoodblog.de*

# Zitronencouscous mit Knusper-Feta, Sonnenblumenkernen und Naturjoghurt

Susanne Punte (siehe auch S. 18) liebt Couscous, weil er lecker ist und einfach in der Zubereitung. Das kommt der Bloggerin und Mama, die es beim Kochen gern alltagstauglich hat, sehr gelegen. Ihre Kinder dürfte vor allem Ersteres interessieren. Der Zitronencouscous mit Knusper-Feta kam jedenfalls so gut an, dass die Bloggerin es nur gerade so noch rechtzeitig schaffte, ein Foto davon zu machen.

## Zubereitung:

**PORTIONEN:** 2–3 | **ZUBEREITUNG:** 30 Min.

- Den Couscous in einer Schüssel mit 300 ml kochendem Wasser übergießen und die Würze oder das Salz unterrühren. Abdecken und beseitestellen.

- In der Zwischenzeit den Feta mit einem scharfen Messer in 12 Stücke (oder in die gewünschte Größe) schneiden. Das Mehl in eine Schüssel geben. Den Sesam mit den Semmelbröseln in einer zweiten Schüssel verrühren. Das Ei in eine dritte Schüssel aufschlagen und verquirlen.

- Ghee oder Öl in einer Pfanne erhitzen. Den Feta mit Pfeffer würzen. Die Fetastücke zuerst im Mehl, dann im verquirlten Ei und anschließend in der Sesam-Semmelbrösel-Mischung wenden. Im heißen Fett rundum goldbraun anbraten und warm halten.

- Für den Couscous Olivenöl, Zitronenschale, Zitronensaft sowie Salz und Pfeffer zum Couscous geben und alles gut vermischen. Die Petersilie waschen, trocken schütteln und klein hacken. Zum Couscous geben, unterrühren und noch mal abschmecken.

- Die Sonnenblumenkerne in einer Pfanne ohne Fett goldbraun anrösten.

- Den Couscous auf Tellern anrichten, den Feta daraufgeben und mit Sonnenblumenkernen bestreuen. Mit Joghurt servieren.

### TIPP:
*Das Gericht schmeckt warm oder kalt. Anstelle von Feta kann auch gebratener Halloumi zum Zitronencouscous serviert werden.*

## Zutaten:

**Für den Couscous:**
150 g Couscous
1 TL Gemüsewürze oder ½ TL Salz
4 EL Olivenöl
abgeriebene Schale von ½ Bio-Zitrone
Saft von 1 Zitrone
Salz
Pfeffer
½ Bund Petersilie
4 EL Sonnenblumenkerne (ersatzweise Mandeln oder Pinienkerne)

**Für den Feta:**
150 g Feta oder Hirtenkäse
4 EL Mehl
2 EL Sesamsamen
2 EL Semmelbrösel
1 Ei
3 EL Ghee oder Öl
Pfeffer
75 g Naturjoghurt

DINNER

149

**Holunderweg 18**   www.holunderweg18.de

# Blumenkohlsteaks mit Blumenkohl-Sesam-Püree und Birnenchutney

From Leaf to Root bedeutet, ein Gemüse komplett zu verwerten. Klingt vernünftig und ist mitunter so köstlich wie Natalie Friedrichs (siehe auch S. 88) Blumenkohlsteak, zu dem sie ein cremiges Sesampüree und die gebratenen Blätter des Gemüses serviert. Abgerundet wird das Ganze durch marinierte Zwiebeln und fruchtig-würziges Birnenchutney. Was für ein Gemüsefest!

## Zubereitung:

**PORTIONEN:** 4 | **ZUBEREITUNG:** 60 Min.

- Den Blumenkohl putzen und waschen, die äußeren knackigen Blätter aufbewahren. Den Blumenkohl halbieren und die Hälften von der Mitte ausgehend jeweils in 2 etwa 2 cm breite Scheiben schneiden. Den restlichen Blumenkohl in Röschen teilen und in Salzwasser 15 bis 20 Minuten weich kochen.

- In der Zwischenzeit für das Chutney das Olivenöl erhitzen. Die Zwiebel schälen, in Würfel schneiden und im Öl andünsten. Die Birnen schälen, entkernen und in ½ cm große Würfel schneiden. Zu den Zwiebeln geben. Rohrzucker, Apfelessig und 1 Prise Salz hinzufügen. Etwa 15 Minuten bei schwacher Hitze leicht köcheln lassen.

- Für die Zwiebeln Rohrzucker und Apfelessig in einem Topf aufkochen. Die Zwiebeln schälen und in feine Ringe schneiden. Zum Apfelessig geben und 2 Minuten bei mittlerer Hitze köcheln lassen. Beiseitestellen und in der heißen Flüssigkeit bei ausgeschaltetem Herd ziehen lassen.

- Für die Blumenkohlsteaks das Olivenöl in einer oder zwei Grillpfannen oder normalen Pfannen erhitzen. Die Blumenkohlscheiben darin von beiden Seiten 10 bis 15 Minuten braten, bis sie braun werden. Erst nach dem Braten salzen. Die Blumenkohlblätter ebenfalls leicht mitbraten. (Werden die Blumenkohlscheiben nacheinander gebraten, im Backofen bei 50 °C, Ober-/Unterhitze, warm halten.)

- In der Zwischenzeit das Blumenkohlpüree zubereiten. Dazu die weich gekochten Blumenkohlröschen abgießen. Sesampaste und Butter oder Olivenöl dazugeben. Mit dem Stabmixer pürieren, bis das Püree cremig und sämig ist. Mit Salz, Pfeffer und nach Belieben Muskatnuss abschmecken.

- Zum Servieren 2 bis 3 EL Blumenkohl-Sesam-Püree als Nocken auf Teller verteilen, Blumenkohlsteaks sowie -blätter, Birnenchutney und Zwiebeln hinzufügen.

### TIPP:
*Der Blumenkohl kann noch mit selbst gemachtem Petersilienöl beträufelt werden. Dafür 1 Handvoll glatte Petersilie, den Saft von ½ Zitrone und einige EL Olivenöl pürieren. Das Püree in einem feinmaschigen Sieb über einem Gefäß abtropfen lassen.*

DINNER

## Zutaten:

**Für den Blumenkohl:**

2 mittelgroße Köpfe Blumenkohl
4 EL Olivenöl
Salz
2–3 TL Tahini (Sesampaste; aus dem Bio-Laden oder Supermarkt)
1 TL Butter oder Olivenöl
Pfeffer
geriebene Muskatnuss (nach Belieben)

**Für das Chutney:**

2 EL Olivenöl
1 rote Zwiebel
2 Birnen
1 EL Rohrzucker
4 EL Apfelessig
Salz

**Für die Zwiebeln:**

1 TL Rohrzucker
100 ml Apfelessig
2 rote Zwiebeln

Healthy Bites  *www.healthybites.blog*

# Rote-Bete-Falafel, Gemüsechips, Erdbeer-Pistazien-Riegel

Wenn Antje Behrendt an die Klassenfahrten ihrer Kindheit zurückdenkt, ist ihr das Gefühl des Nach-Hause-Kommens im Gedächtnis geblieben: „Ich hatte dann immer Lust auf frisches Gemüse und Obst." Sie ist in einem Elternhaus aufgewachsen, in dem großer Wert auf eine gesunde Ernährung gelegt wurde. Vieles kam frisch vom Bauernmarkt oder dem damals einzigen Bio-Laden der Stadt. Heute ist sie Apothekerin und Ernährungsberaterin – und dreifache Mutter. Ihren Kindern möchte sie jenes achtsame Verhältnis zur Ernährung mitgeben, mit dem sie selbst aufgewachsen ist. Ein bisschen Schummeln ist erlaubt, zum Beispiel bei den Schoko-Brownies, in denen sich Zucchini und schwarze Bohnen verstecken. Zwischen Schule und Beruf ist eine ausgewogene Ernährung aber nicht immer leicht zu organisieren, weshalb Behrendt ein Fan von Mealprepping ist, bei dem man Gerichte einige Tage im Voraus zubereitet. Ihre snackartigen Köstlichkeiten lieben ihre Kinder aber auch am Sonntag, ganz besonders, wenn die Familie ihren freien Tag mal nicht zu Hause verbringt.

**PORTIONEN:** etwa 12 Falafel | etwa 10 Riegel
**ZUBEREITUNG:** Falafel: 30 Min. | Gemüsechips: 30 Min. | Riegel: 15 Min. + 2 Std. Kühlzeit

## Zubereitung:

### Rote-Bete-Falafel

- Kichererbsen in ein Sieb abgießen, abtropfen lassen. Rote Bete schälen, kochen und klein schneiden (oder vakuumierte verwenden). Die Zwiebel schälen und klein schneiden. Petersilie waschen, trocken schütteln und grob hacken.

- Alles mit Kreuzkümmel, Backpulver und Mehl im Mixer oder mit dem Stabmixer pürieren. Je nach Konsistenz etwas Wasser oder mehr Mehl hinzufügen. Mit Salz und Pfeffer würzen.

- Aus der Masse mit angefeuchteten Händen kleine Bällchen formen. Reichlich Öl erhitzen und die Bällchen darin rundum knusprig braten. Alternativ mit einem Cakepop-Maker zubereiten, dann braucht man deutlich weniger Öl.

### Gemüsechips

- Den Backofen auf 150 °C (Umluft) vorheizen. Das Gemüse putzen bzw. schälen, waschen und in dünne Scheiben schneiden, am besten mit einem Gemüsehobel.

- Das Olivenöl mit Salz und 1 bis 2 TL Kräutern oder Gewürzen nach Geschmack mixen. Ein mit Backpapier ausgelegtes Backblech dünn mit Olivenöl bestreichen, die Gemüsechips darauf verteilen und mit dem gewürzten Olivenöl beträufeln. Falls Grünkohlblätter oder Kichererbsen verwendet werden, können diese vor dem Backen einmal im Ganzen in das gewürzte Öl eingetaucht werden.

- Das Gemüse im vorgeheizten Ofen 20 bis 30 Minuten backen, bis es knusprig, aber nicht verbrannt ist.

### Erdbeer-Pistazien-Riegel

- Mandeln und Datteln im Mixer zerkleinern und zu einem Teig verkneten. Sollte er zu wenig klebrig sein, mehr Datteln dazugeben. Wenn es sich zu klebrig anfühlt, noch etwas Mandelmehl hinzufügen. Pistazien und getrocknete Erdbeeren unterkneten.

- Den Teig auf einem Backpapier etwa 2 cm dick ausrollen (dafür mit einem zweite Backpapier belegen, dann bleibt nichts an der Rolle kleben). Aus dem Teig Riegel ausschneiden und mindestens 2 Stunden in den Kühlschrank legen. In einer geschlossenen Box halten sich die Riegel 2 Wochen.

**DINNER**

## Zutaten:

### Rote-Bete-Falafel

200 g Kichererbsen aus dem Glas (oder 12 Stunden eingeweicht und gekocht)
100 g Rote Bete
1 Zwiebel
½ Bund Petersilie
1 TL Kreuzkümmel
1 TL Backpulver
3 EL Mehl
Salz
Pfeffer
Öl zum Braten

### Gemüsechips

1 Handvoll Gemüse, z. B. Rote Bete, Kartoffeln, Süßkartoffeln, Möhren, Zucchini, Grünkohl oder Kichererbsen (vorgekocht oder aus dem Glas)
100 ml Olivenöl
½ TL Salz
Gewürze und Kräuter nach Geschmack (z. B. Paprikapulver, Rosmarin, Pfeffer, Petersilie, Schnittlauch, Kurkuma, Chili, Knoblauch oder Koriander)

### Erdbeer-Pistazien-Riegel

150 g Mandeln
150 g getrocknete Datteln
40 g grob zerkleinerte Pistazienkerne
10 g gefriergetrocknete Erdbeeren (erhältlich in Drogeriemärkten und gut sortierten Supermärkten bei den Snacks für Kinder oder online)

**Schokoladenpfeffer**     www.schokoladenpfeffer.com

# Risotto mit Quitte, Kürbis, Gorgonzola und Rosmarin

Hannah-Lena Arnets (siehe auch S. 62) Vater hat seinen Risotto in ihrer Kindheit immer mit Steinpilzen zubereitet. Für ihre eigene, fruchtigere Version wählt sie Quitten, die eine raffinierte Süße in das sämige Gericht bringen. Selbstverständlich serviert sie auch dieses Essen nicht auf flachen Tellern, sondern in ihren geliebten Schüsseln.

## Zubereitung:

**PORTIONEN:** 2–3 | **ZUBEREITUNG:** 50 Min.

- Die Quitten vierteln, entkernen, schälen und in kleine Stücke schneiden. Den Hokkaidokürbis waschen, halbieren und entkernen. Eine Kürbishälfte in kleine Stücke schneiden, die andere Hälfte in fingerdicke Spalten schneiden. Die Schalotte schälen und fein hacken. Den Rosmarin waschen und trocken schütteln.

- Den Backofen auf 180 °C (Ober-/Unterhitze) vorheizen. Ein Backblech mit Backpapier belegen. Die Kürbisspalten darauf verteilen, mit etwas Olivenöl beträufeln und mit Salz und Pfeffer würzen. Im vorgeheizten Ofen 20 bis 25 Minuten backen, bis die Kürbisspalten weich und leicht geröstet sind. Aus dem Ofen nehmen und beiseitestellen. Den Ofen auf 80 °C herunterschalten. Die Gemüsebrühe in einem Topf zum Kochen bringen.

- In einem schweren Topf etwas Olivenöl erhitzen. Die Schalotte darin glasig dünsten. Den Risottoreis dazugeben und unter Rühren anschwitzen, bis die Körner leicht glasig sind. Mit dem Weißwein ablöschen. Sobald die Flüssigkeit verdampft bzw. aufgesogen ist, die Quitten- und Kürbiswürfel in den Topf geben und 1 Schöpfkelle Gemüsebrühe dazugeben. Die Rosmarinzweige hinzufügen. Sobald die Flüssigkeit fast vollständig aufgesogen ist, unter ständigem Rühren nach und nach immer wieder 1 Schöpfkelle Gemüsebrühe dazugeben. So verfahren, bis die ganze Gemüsebrühe verbraucht ist bzw. der Risotto schön weich und sämig ist.

- Zum Servieren die Teller im Backofen vorwärmen. In einer kleinen Pfanne die Pinienkerne ohne Fett goldbraun rösten. Wenn der Risotto die richtige Konsistenz erreicht hat, Butter und Parmesan unterrühren. Das Ganze mit Salz und Pfeffer abschmecken. Den Gorgonzola in kleine Stücke brechen und leicht unterheben. Die Kürbisspalten auf den Risotto geben und alles noch mal mit geschlossenem Deckel 2 Minuten warm halten.

- Den fertige Risotto auf die vorgewärmten Teller verteilen und mit den Kürbisspalten garnieren. Die Pinienkerne darüberstreuen.

DINNER

## **Zutaten:**

2 Quitten
½ kleiner Hokkaidokürbis
1 Schalotte
2 Zweige Rosmarin
Olivenöl
Salz
Pfeffer
750 ml Gemüsebrühe
150 g Risottoreis
150 ml Weißwein
2 EL Pinienkerne

1 EL Butter
1 EL geriebener Parmesan
30 g Gorgonzola (oder etwas mehr)

**Schlaraffenwelt**   *www.schlaraffenwelt.de*

# Schwertfisch mit Gremolata gebeizt

David Seitz betreibt gleich zwei Blogs, einen namens Schlaraffenwelt und einen zweiten namens Fleischglück. „Wenn es sich um gutes Fleisch handelt, gehört es in all seinen Facetten zu meinen Leibspeisen", sagt der Münchner. „Zurzeit bin ich vor allem Schmorgerichten wie Ochsenschwanz oder Bäckchen in einer dunklen, reichhaltigen Sauce verfallen." Geprägt hat ihn überraschenderweise vor allem ein Buch, das nun wirklich nichts mit Fleisch zu tun hat: Yotam Ottolenghis „Vegetarische Köstlichkeiten". Erst dadurch habe er verinnerlicht, dass Hauptspeisen auch ganz ohne Fleisch rundum glücklich machen können. Bei seinem Sonntagsessen entscheidet er sich für die dritte Option, einen Schwertfisch. Gebeizt wird dieser mit Gremolata, einer Würzmischung aus Knoblauch, Zitrone und Petersilie, die in Italien klassischerweise zum Schmorgericht Ossobuco gereicht wird.

**PORTIONEN:** 2 | **ZUBEREITUNG:** 24 Std.

## Zubereitung:

- Den Schwertfisch in eine Auflaufform legen. Den Knoblauch schälen, die Petersilie waschen und trocken schütteln. Beides fein hacken. Mit Zitronenschale, Zucker und Salz verrühren. Auf dem Fisch verteilen. Den Schwertfisch mit einer Schieferplatte beschweren und 24 Stunden im Kühlschrank beizen.

- Den Schwertfisch hauchdünn aufschneiden und mit Baguette und nach Belieben Aioli servieren.

## Zutaten:

400 g Schwertfisch (1 Steak)
1 Knoblauchzehe
1 Bund Petersilie
abgeriebene Schale von 1 Bio-Zitrone
1 EL Zucker
1 geh. TL Salz

DINNER

**Küchenchaotin**  www.kuechenchaotin.de

# Gebackener Camembert im Brot mit Honig und Walnüssen

Mirja Glatz hat eine Schwäche für Butter, Nudelgerichte und alles, was knusprig und salzig ist. „Ich ziehe Chips definitiv Schokolade vor und könnte in Avocados baden. Mein absolutes Guilty Pleasure ist allerdings gebackener Camembert." Die Betreiberin des 2012 gegründeten Blogs Küchenchaotin serviert ihn in einem Brot mit Honig und Walnüssen, quasi als Fondue to go (hinsetzen sollte man sich dafür natürlich trotzdem). Außerdem empfiehlt sie, einen möglichst alten Camembert zu verwenden, kurz vor Ablauf des Mindesthaltbarkeitsdatums, dann sei er besonders cremig. Dazu passt, genau wie zum klassischen Fondue, Tee, trockener Weißwein – oder Champagner. Aus Liebe zu ihrem Mann, der den Blog Kochhelden.TV (siehe S. 78) betreibt, ist die Schleswig-Holsteinerin in die Nähe von Stuttgart gezogen. Schon seit vielen Jahren ernährt sie sich vegetarisch und findet: „Das Leben ist zu kurz für Knäckebrot!"

**PORTIONEN:** 2–3 | **ZUBEREITUNG:** 40 Min.

## Zubereitung:

- Den Backofen auf 180 °C (Umluft) vorheizen. Den Deckel des Brotes abschneiden, in Stücke schneiden und beiseitelegen. Den Brotrand mit einem Messer einschneiden, aber nicht bis zum Boden durchschneiden. Das Brot im eingeschnittenen Bereich vorsichtig aushöhlen, sodass der Camembert darin versinken kann. Den Rand des Brots nach unten so einschneiden, dass man später gut Stücke herausbrechen kann. Auch hier nicht bis zum Boden durchschneiden, sonst fällt das Brot auseinander.

- Den Camembert in das Loch im Brot legen und beides zusammen etwa 13 Minuten im vorgeheizten Ofen backen.

- In der Zwischenzeit den Rosmarin waschen, trocken schütteln, die Nadeln abzupfen und fein hacken. Mit dem Honig vermengen. Die Walnüsse nach Belieben in einer Pfanne ohne Fett anrösten.

- Den Camembert aus dem Ofen nehmen und die Oberseite kreuzförmig einschneiden und aufklappen. Den Camembert im Brot für etwa 15 Minuten zurück in den Ofen schieben, bis die Oberfläche goldbraun wird.

- Den heißen Camembert mit der Honigmischung bestreichen und die Walnüsse darauf verteilen. Mit etwas Salz bestreuen und sofort mit den Brotstücken des Deckels servieren.

## Zutaten:

1 rundes Misch- oder Dinkelbrot (etwa 20 cm Ø, sodass der Käse hineinpasst)
1 Back-Camembert (320 g)
1 Zweig Rosmarin
3 EL Honig
4 EL Walnusskerne
Salz

DINNER

**Vanillaholica**  *@vanillaholica*

# Warmer Belugalinsen-Salat

Ihre Henkersmahlzeit müsste ein Kaiserschmarren sein, sagt Vivien Hannah Belschner. Erst mal kein Wunder in ihrer Heimatstadt Wien, die berühmt ist für Strudel, Schnitzel und Schmarren – bloß, dass dieser bei Belschner vegan sein sollte. Früher war sie eine Allesesserin, heute ist Salat ihr Lieblingsgericht. Auf ihrem Blog Vanillaholica und dem gleichnamigen Instagram-Account teilt sie Tipps für Reisen mit vorbildlichem ökologischen Fußabdruck, für Fair-Trade-Kleidung und einen nachhaltigen Lebensstil. Und vegane Rezepte, die weder viel Zeit noch ausgefallene Zutaten erfordern. Die entsprechenden Grundlagen hat sie sich nicht zuletzt in ihrem Studium der Lebensmittel- und Biotechnologie angeeignet. Wirklich schade, dass Kaiserschmarrenzubereitung kein Studienfach ist.

## Zubereitung:

**PORTIONEN:** 2 | **ZUBEREITUNG:** 20 Min.

- Die Linsen nach Packungsanweisung in der Gemüsebrühe und dem Tomatenmark garen.

- In der Zwischenzeit den Blattsalat putzen, die Blätter zerteilen, waschen und trocken schleudern. Zwiebeln und Knoblauchzehe schälen. Beides klein schneiden. Die Möhren putzen, schälen und in Scheiben schneiden.

- Aus Olivenöl, Apfelessig, 1 EL Zitronensaft und Agavendicksaft ein Dressing rühren. Linsen, Salat, Frühlingszwiebeln, Knoblauch und Möhren miteinander mischen und das Dressing unterrühren. Nach Belieben mit Sonnenblumenkernen und Basilikum bestreuen.

### Zutaten:

150 g Belugalinsen
¼ l Gemüsebrühe
1 EL Tomatenmark
1 Kopf Blattsalat
2 Frühlingszwiebeln
1 Knoblauchzehe
5 Möhren
4 EL Olivenöl
3 EL Apfelessig
Saft von ½ Zitrone
1 EL Agavendicksaft
Sonnenblumenkerne und Basilikumblätter (nach Belieben)

DINNER

161

**Schmecktwohl** — *www.schmecktwohl.de*

# Kürbiscurry mit Birne und Kokosmilch

Weil sie selbst gern immer wieder neue Dinge in der Küche ausprobiert, rät Stefanie Hiekmann (siehe auch S. 20) auch ihren Leserinnen und Lesern, kreativ zu werden und auf kulinarische Entdeckungsreise zu gehen. Ihr Curryrezept bietet dazu eine wunderbare Gelegenheit: Hier treffen Kürbis und Birne zusammen. Durch die gerösteten Kürbiskerne gibt es punktuell immer wieder Crunch auf den Löffel. Wer mag, variiert das Rezept auch mal mit Apfelspalten. Hier gilt es, selbst auszuprobieren und herauszufinden, was einem am besten gefällt!

## Zubereitung:

**PORTIONEN:** 4 | **ZUBEREITUNG:** 30 Min.

- Zwiebel, Knoblauch und Ingwer schälen und fein würfeln. Chilischote putzen, entkernen, waschen und klein schneiden. Den Kürbis waschen, entkernen und in kleine Würfel schneiden. Paprika putzen, entkernen, waschen und in Würfel schneiden. Fenchel putzen, waschen und in feine Streifen schneiden. Fenchelgrün beiseitelegen. Birne putzen, waschen, entkernen und in feine Würfel schneiden.

- Das Öl in einem großen Topf erhitzen und Zwiebel, Knoblauch, Ingwer und Chili darin kurz anbraten. Die Temperatur herunterschalten und das Currypulver hinzufügen, unterrühren und alles 1 bis 2 Minuten dünsten. Kokosmilch und Gemüsebrühe angießen und aufkochen.

- Kürbis, Paprika und Fenchel hinzufügen und das Curry 15 bis 20 Minuten bei schwacher bis mittlerer Hitze kochen lassen, bis das Gemüse die gewünschte Konsistenz hat. Nach 15 Minuten die Birnenstücke zugeben, sodass sie etwas Biss behalten.

- Das Gemüsecurry mit Salz, 1 Spritzer Zitronensaft und nach Belieben Ahornsirup oder Honig abschmecken. Mit Fenchelgrün, einigen gerösteten Kürbiskernen und frischen Kräutern servieren.

### TIPP:
*Wer zum pikanten und ganz leicht süß abgeschmeckten Curry etwas Säure mag, gibt kurz vor dem Servieren noch einen Löffel kalten, griechischen Joghurt auf das Curry.*

### Zutaten:

1 Gemüsezwiebel
2 Knoblauchzehen
1 fingerdickes Stück Ingwer (1–2 cm)
1 Chilischote oder Chiliflocken (je nach gewünschtem Schärfegrad)
1 kleiner Hokkaidokürbis (500–750 g)
1 rote Paprikaschote
1 Fenchelknolle
1 Birne
2 EL Öl
1 TL Madras-Currypulver (Gewürzmischung)
400 ml Kokosmilch
150 ml Gemüsebrühe
Salz
etwas Zitronensaft
Ahornsirup oder Honig (nach Belieben)
4 EL geröstete Kürbiskerne
Petersilie oder Koriandergrün zum Anrichten (nach Belieben)

DINNER

163

# Dessert

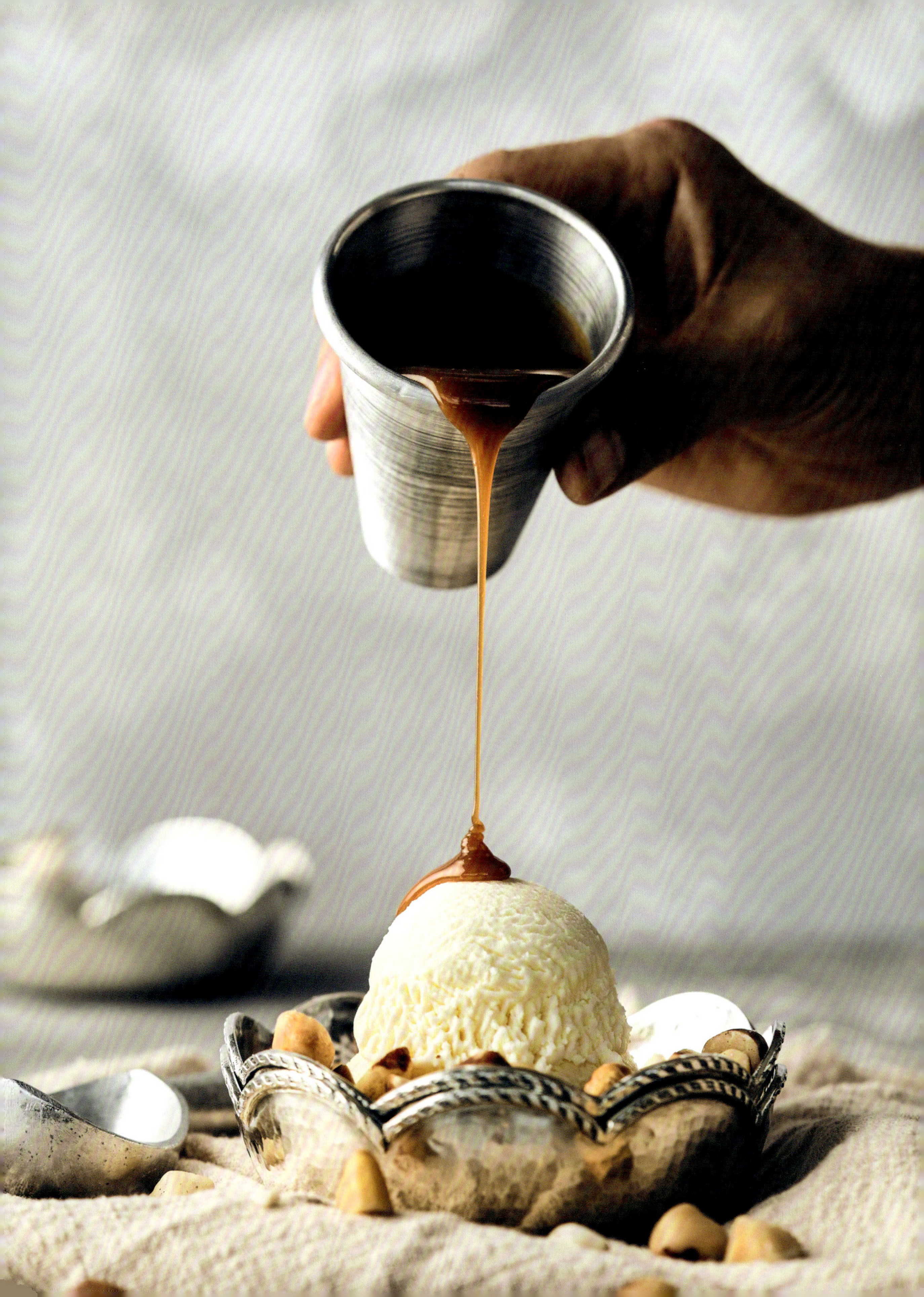

**Frau Herzblut**   www.frauherzblut.de

# Crème brûlée mit Blüten und Beeren

Die Zeit der Swingära, das waren erstmals Hosen für Damen, Swing, glamouröse Big Bands und legendäre Hollywood-Filme. Carolin Strothe denkt gern an diese Zeit, ohne sie selbst erlebt zu haben. Gut möglich, dass man sie in ihrer Freizeit Lindy Hop tanzend in einem „true vintage"-Kleid antrifft. Oder in ihrer Küche, wo sie turmhohe Beerentorten, Biskuitrollen und herzhafte vegetarische Gerichte zubereitet, gepaart mit einer guten Prise Vintage-Charme, wie sie sagt. Ohne Herzblut geht das nicht und konsequenterweise heißt so auch Strothes 2013 gegründeter Blog, den sie neben ihrer Tätigkeit als Foodfotografin und -stylistin, Artdirektorin und Autorin betreibt. Als Inspiration nennt die Hannoveranerin ihre Kindheit im Garten, durch die sie schon früh gelernt hat, wie sonnenwarme Himbeeren oder eine aromatische Tomate schmecken.

## Zubereitung:

**PORTIONEN:** 6 | **ZUBEREITUNG:** 40 Min. + Ruhezeit über Nacht

- Den Backofen auf 130 °C (Ober-/Unterhitze) vorheizen. In einem Wasserkocher Wasser erhitzen.

- Sahne, Eigelbe, Puderzucker und Vanillemark vermischen, bis sich der Puderzucker komplett aufgelöst hat. Hierbei sollte möglichst kein Schaum entstehen, dann wird die Oberfläche schön glatt.

- Die Masse in ofenfeste Förmchen füllen und diese in eine Auflaufform stellen. In die Auflaufform so viel heißes Wasser füllen, dass die Förmchen bis zur Hälfte darin stehen. Die Crème brûlée im Ofen 35 Minuten stocken lassen. Beim leichten Rütteln an den Formen sollte sie wie Wackelpudding wackeln.

- Die Crème brûlée abkühlen lassen und am besten über Nacht im Kühlschrank ruhen lassen. Vor dem Servieren die Oberfläche der Crème brûlée gleichmäßig mit Rohrohrzucker bestreuen und mit einem Gasbrenner zu einer goldbraunen Kruste karamellisieren. Hier nicht zu lange warten, sonst wird der Zucker feucht und lässt sich nur schlecht karamellisieren.

**TIPP:**

*Am besten bereitet man die Crème brûlée 1 Tag vor dem Verzehr zu, mindest jedoch 4 bis 6 Stunden vorher, sodass sie in aller Ruhe auskühlen kann. Die Crème brûlée nach Belieben mit frischen Beeren und getrockneten Blüten garnieren und dazu einen Espresso servieren.*

DESSERT

## **Zutaten:**

**Für 6 kleine ofenfeste Förmchen:**
250 g Sahne
3 Eigelb
25 g (Bio-)Puderzucker (aus Rohrohrzucker)
Mark von 1 Vanilleschote
2–3 EL Rohrohrzucker
frische Beeren (z. B. Himbeeren)
getrocknete essbare Blüten

**Mary Miso**  *www.mary-miso.ch*

# Ricotta-Eiscreme mit karamellisierten Mandeln, Zitrone und Thymian

Marianne Frener hat ihr Handwerk in verschiedenen gehobenen Betrieben in der Schweiz und in England gelernt. Als Vorbild nennt sie die Schweizer Zweisterneköchin Tanja Grandits. Dass sie selbst einmal Köchin und Konditorin werden würde, war früh klar. „In meiner Kindheit auf dem Land war am Wochenende nichts los", erklärt die Luzernerin. „Ich durfte Freundinnen zu mir nach Hause einladen und habe dann für alle gekocht. Zuerst waren meine handgeschriebenen Hefte gefüllt mit den Rezepten meiner Mutter, später mit meinen eigenen." Heute liegen diese Rezepte in digitaler Form vor, auf dem Blog Mary Miso. Noch ein Wort zu Freners Mutter: „Als Bauerntochter hat sie mit einer beneidenswerten Abgebrühtheit den Kartoffelstampf à la minute für Gäste zubereitet. Nie hätte sie aus Bequemlichkeit die Kartoffeln im Vorfeld geschält." Ehrensache, dass deren Tochter ihr Eis selbst zubereitet – und als Schweizerin lieber den Begriff Glace verwendet.

## Zubereitung:

**PORTIONEN:** 8 | **ZUBEREITUNG:** 15 Min. + 4 Std. Kühlzeit oder über Nacht

- Für das Eis Ricotta, Kondensmilch, Zitronenschale und Vanillepaste mischen. Die Sahne steif schlagen und darunterziehen. Die Creme in eine Form (15 × 20 cm) füllen und 4 Stunden oder über Nacht tiefkühlen.

- Für die Mandeln die Mandeln, Zucker und 3 EL Wasser in einer Pfanne erhitzen, dabei mit einem Holzlöffel rühren und kochen lassen, bis der Zucker klumpig und weiß wird. 10 Minuten weiterrühren, bis die Mandeln karamellisiert sind. Die Masse auf Backpapier geben und auskühlen lassen.

- Das Eis 30 Minuten vor dem Servieren aus dem Tiefkühlgerät nehmen. Den Thymian waschen, trocken schütteln und die Blättchen abzupfen. Die karamellisierten Mandeln hacken und mit Zitronenschale und Thymian über das Eis streuen.

## Zutaten:

**Für das Eis:**
500 g Ricotta
180 g gesüßte Kondensmilch
abgeriebene Schale von 1 Bio-Zitrone
1 TL Vanillepaste
250 g Schlagrahm oder -sahne (mind. 35 % Fett)

**Für die Mandeln:**
100 g Mandeln
50 g Zucker
½ Bund Thymian
abgeriebene Schale von 1 Bio-Zitrone

DESSERT

**Eat this!**    *www.eat-this.org*

# Vanille-Rhabarber-Kompott mit Kardamom

Wenn sich eine Tür schließt, öffnet sich irgendwo ein Fenster. Ein Sprichwort, das gut zur Geschichte von Nadine Horn und Jörg Mayer passt. 2005 entschieden sich die beiden dazu, vegan zu leben. Nachdem sie sich intensiver mit Massentierhaltung auseinandergesetzt hatten, wollten sie nicht mehr nur auf Fisch und Fleisch, sondern auch auf Butter, Joghurt, Milch und alle anderen Tierprodukte verzichten. „Spätestens als Veganer wurde unser Interesse an Lebensmitteln und deren Zubereitung zur Notwendigkeit. Damals war das Thema lang nicht so omnipräsent wie heute", erinnert sich Horn. Ihre Freunde, die bei gemeinsamen Abendessen die ersten veganen Versuche kosten durften, fragten immer öfter nach den Rezepten. Und auch weil sie selbst so manches Detail vergaßen, beschlossen die beiden Ulmer, ihre Erfahrungen auf Eat this! festzuhalten. Umso schöner, dass die Gerichte ihres Blogs weniger von Ersatzprodukten als von der Lust auf Neues geprägt sind.

**PORTIONEN:** 4 | **ZUBEREITUNG:** 50 Min.

## Zubereitung:

- Den Rhabarber putzen, waschen und in 3 cm lange Stücke schneiden. In einen Topf geben und mit Kokosblütenzucker vermischen. Die Mischung zugedeckt 30 Minuten ziehen lassen.

- Die Vanilleschote längs aufschneiden und das Mark mit einem spitzen Messer oder Teelöffel herauskratzen. Vanillemark und Kardamom zum Rhabarber geben.

- Den Rhabarber bei mittlerer Hitze zum Kochen bringen und zugedeckt bei schwacher Hitze 5 bis 6 Minuten köcheln lassen.

- Die Speisestärke mit 2 EL Wasser glatt rühren und zum Rhabarber geben – nicht umrühren, da sonst alle Stücke zerfallen. Noch mal kurz aufkochen und anschließend den Herd ausschalten. Das Kompott abkühlen lassen. Dazu passt Reisjoghurt.

### Zutaten:

800 g Rhabarber
5–6 EL Kokosblütenzucker
1 Vanilleschote
½ TL Kardamompulver
2 TL Speisestärke

**DESSERT**

**About Fuel**  *www.aboutfuel.de*

# Gebackene Birnenhälften mit Gorgonzola, Honig und Thymian

Liebe Eltern, hier kommt die gute Nachricht: All die möglicherweise vergeblich wirkenden Mühen, Kindern gesunde Gerichte schmackhaft zu machen, sind nicht umsonst. Es braucht nur ein wenig Geduld auf der einen und Zeit auf der anderen Seite, um aus trotzigen Zucchinispuckern Erwachsene zu machen, die lieber Sellerieschnitzel essen als eines vom Kalb. Ein Beweis dafür ist Fabian Dietrich. Aufgewachsen ist er in einem 130-Einwohner-Dorf im Südschwarzwald, mit der gemüselastigen Küche seiner Mutter, „mit Mangoldquiche, unendlich vielen Salaten, frisch gebackenem Vollkornbrot und Grünkernbratlingen". Dem gegenüber standen die eher deftig-süddeutschen Gerichte seines Großvaters, Dampfnudeln mit Vanillesauce etwa, selbst gemachte Maultaschen, Gulasch und, wenn es mal schnell gehen musste, belegte Brote. Heute kocht Dietrich als Ergebnis dieser Sozialisation hauptsächlich gesund. 80 bis 90 Prozent der Gerichte seines Blogs About Fuel, sagt er, seien vegetarisch, und zwar meistens ungeplant. Ein wenig mag seine Wahlheimat Berlin schuld daran sein, die Hochburg der Avocadotoasts und Açaí-Bowls. Sein Rezept ist perfekt für alle, die sich als Abschluss eines mehrgängigen Menüs nicht zwischen Käse und Dessert entscheiden können, und kommt noch dazu ohne raffinierten Zucker aus. Dafür können sich viele Eltern begeistern. Und, ziemlich sicher, früher oder später auch deren Nachwuchs.

## Zubereitung:

**PORTIONEN:** 2–3 | **ZUBEREITUNG:** 30 Min.

- Den Backofen auf 190 °C (Ober-/Unterhitze) vorheizen. Die Birnen waschen, halbieren und entkernen. Den Thymian waschen und trocken schütteln. Birnenhälften und Thymian mit Olivenöl einreiben.

- Ein Backblech mit Backpapier belegen und die Birnenhälften mit der Schnittfläche nach oben darauflegen. Im vorgeheizten Ofen auf der mittleren Schiene 20 bis 25 Minuten backen, bis die Birne weich und die Schnittfläche goldbraun ist. Nach 15 Minuten den Thymian neben die Birnen legen und in den letzten 5 bis 10 Minuten mitbacken.

- Die Birnen aus dem Ofen nehmen, auf Teller verteilen und den Gorgonzola in der Mitte der Birnen verteilen. Den Honig darüberträufeln. Die Walnüsse darüberreiben. Das Paprikapulver darübersieben. Thymianzweige und -blätter auf den Birnen verteilen.

### Zutaten:

3 Birnen
4–6 Zweige Thymian
Olivenöl
120 g Gorgonzola
4 TL flüssiger Honig
3–4 halbierte Walnusskerne
1 TL rosenscharfes Paprikapulver

DESSERT

Sia's Soulfood — www.siasoulfood.blogspot.com

# Weiße Schokoladencreme mit Granatapfel

Es stimmt schon, dass Anastasia Franik (siehe auch S. 28) sich gern durch verschiedene Länderküchen probiert. Ihre Nachspeise ist trotzdem eine Referenz an ihre griechische Heimat geworden: eine Creme aus weißer Schokolade und griechischem Joghurt, getoppt mit Granatapfelkernen.

**PORTIONEN:** 4 | **ZUBEREITUNG:** 30 Min.

## Zubereitung:

- 2 Granatäpfel halbieren und mit einer Zitruspresse entsaften. Es werden 200 ml Saft benötigt. Den übrigen Granatapfel halbieren und die Kerne herauslösen.

- Den Granatapfelsaft in einen Topf geben und erhitzen. Die Speisestärke mit 2 EL kaltem Wasser glatt rühren. Sobald der Saft kocht, den Topf von der Kochstelle nehmen und die aufgelöste Speisestärke einrühren. Den Topf wieder zurück auf den Herd stellen und den Saft unter Rühren etwa 1 Minute köcheln lassen. Dann erkalten lassen.

- In der Zwischenzeit die weiße Schokolade in Stücke brechen und über dem heißen Wasserbad schmelzen. Den griechischen Joghurt mit Puderzucker, Honig und Zitronensaft verrühren. Die Sahne steif schlagen. Zuerst die aufgelöste weiße Schokolade mit dem Joghurt verrühren und dann vorsichtig die Sahne unterheben.

- Die ausgelösten Granatapfelkerne unter die Granatapfelsauce rühren. Nun die Schokoladencreme abwechselnd mit der Granatapfelsauce in Dessertgläser schichten und bis zum Servieren kalt stellen.

### TIPP:

*Sowohl beim Auspressen des Granatapfelsafts als auch auch beim Auslösen der Kerne ist Vorsicht geboten, denn die Kerne spritzen leicht und führen zu hartnäckigen Flecken. Beim Entkernen am besten Küchenhandschuhe tragen und die Kerne in einer Schüssel mit Wasser auslösen. Die Kerne dann in einem Sieb abgießen.*

## Zutaten:

3 Granatäpfel
2 EL Speisestärke
150 g weiße Schokolade
200 g griechischer Joghurt
1 EL Puderzucker
2 EL Honig
1 EL Zitronensaft
200 g Sahne

DESSERT

175

**Bistro Badia**    *www.bistrobadia.de*

# Knusprige Baklava-Taschen mit Cremefüllung

„Neulich fragte ein Leser, wie ich das mit dem Urheberrecht eigentlich handhabe. Seiner Meinung nach seien alle Rezepte auf meinem Blog syrisch, schließlich gebe es den Libanon erst seit dem 20. Jahrhundert, vorher zählte er zu Syrien", erzählt Rafik Halabi, Betreiber des 2016 gegründeten Blogs Bistro Badia. „Ich antwortete ihm, dass Kulinarik keine politischen Grenzen kennt und dass Essen Menschen verbinden sollte, nicht trennen." Anfang der Achtzigerjahre flüchtete seine Familie aus dem Libanon. Lieber als in Kochbüchern stöbert Halabi in den handschriftlichen Aufzeichnungen seiner Mutter, auch wenn das bedeutet, dass sie alles übersetzen muss, weil er kein Arabisch lesen kann. Halabi, der in Düsseldorf selbstständig als Food Content Creator arbeitet, möchte mit seinem Blog Menschen unterschiedlichster Kulturen zusammenbringen. Die kulinarische Urheberrechtsfrage sollte dabei völlig egal sein.

## Zubereitung:

**PORTIONEN:** 12 Stück | **ZUBEREITUNG:** 1 Std.

- Für den Zuckersirup den Zucker mit 150 ml Wasser unter Rühren zum Kochen bringen. Bei mittlerer Hitze 5 bis 10 Minuten einkochen. Zitronensaft, Orangenblütenwasser und Rosenwasser hinzufügen und verrühren. Den Zuckersirup abkühlen lassen.

- Für das Gebäck den Mascarpone mit Rosen- und Orangenblütenwasser sowie Zucker und Milch zu einer Creme rühren und anschließend kalt stellen.

- Den Backofen auf 200 °C (Ober-/Unterhitze) vorheizen. Die Butter zerlassen. Die Pistazien fein hacken. Die Teigblätter einzeln mit der Butter bestreichen und aufeinanderlegen. Das oberste Blatt ebenfalls mit Butter bestreichen. Den Teig mit einem Messer oder Pizzaschneider in 12 Quadrate mit 10 cm Seitenlänge zerteilen. Die Quadrate zu einem Drececk zusammenklappen und die Dreiecke auf ein mit Backpapier ausgelegtes Backblech legen. Dabei einen Abstand lassen. Die Dreiecke mit Butter bestreichen.

- Die Teigtaschen im vorgeheizten Ofen 10 bis 12 Minuten goldbraun und knusprig backen. Die Taschen sofort jeweils mit 2 bis 3 EL Zuckersirup beträufeln. Anschließend vollständig abkühlen lassen. Die Dreiecke vorsichtig in der Mitte leicht aufklappen und mit jeweils etwa 2 TL Mascarponecreme füllen und die Creme im Inneren mit Pistazien bestreuen.

### TIPP:

*Am besten schmecken die Baklava-Taschen (Shabiyat) noch am selben Tag. Je länger man sie lagert, desto feuchter wird der Teig. Wen das nicht stört, der kann die Teigtaschen noch etwa 2 Tage im Kühlschrank aufbewahren.*

DESSERT

## **Zutaten:**

**Für den Zuckersirup:**

180 g Zucker
3 TL Zitronensaft
2 TL Orangenblütenwasser
2 TL Rosenwasser

**Für das Gebäck:**

500 g Mascarpone
2 TL Rosenwasser
1 TL Orangenblütenwasser
½ EL Zucker
50 ml Milch

100 g Butter
15 g Pistazien
250 g Filo- oder Yufkateig

**Monsieur Muffin**  *www.monsieurmuffin.de*

# Holunderblüten-Panna-cotta mit fruchtiger Erdbeerschicht

Fondanttorten mit Figürchen sucht man auf Jenni Mönchmeiers Blog vergeblich. Stattdessen gibt es dort Rezepte für feine Törtchen, Kuchen und Kekse. Und ab und an auch mal einen leckeren Nachtisch. Auf Monsieur Muffin geht es laut Eigenbeschreibung um „das süße Kontrastprogramm zur herzhaften, ostwestfälischen Küche". Auf die Frage, mit wem sie gern mal am Backofen stehen würde, antwortet die in Rheda-Wiedenbrück lebende Bloggerin: „Ich würde gern mal einem echten Macaron-Profi über die Schulter schauen. Die sind mir nämlich noch nie geglückt." Ganz im Gegensatz zur Holunderblüten-Panna-cotta. Aus dem Italienischen übersetzt bedeutet Panna cotta schlicht gekochte Sahne. Wer braucht da schon eine Fondanttorte: Das ist Dolce Vita in seiner leckersten Form.

## Zubereitung:

**PORTIONEN:** 6–8 je nach Größe | **ZUBEREITUNG:** 40 Min. + 4 Std. Kühlzeit

- Die Sahne mit der ½ Vanilleschote, Zucker und 1 Prise Salz unter Rühren zum Kochen bringen. Bei schwacher Hitze 15 Minuten köcheln lassen.

- Die Gelatine 5 Minuten in kaltem Wasser einweichen, ausdrücken und in einem Topf unter Rühren langsam erwärmen und auflösen. Die Gelatine unter ständigem Rühren unter die Creme mischen. Den Holunderblütensirup dazugeben, unterrühren und die Masse abkühlen lassen. In Puddingförmchen oder Gläser verteilen und mindestens 2 Stunden kühl stellen.

- Für die Fruchtschicht die Früchte pürieren und durch ein feines Sieb passieren. Mit dem Puderzucker verrühren. Die Gelatine einweichen, ausdrücken, auflösen und die Fruchtmasse nach und nach unter ständigem Rühren zur Gelatine geben. Die Fruchtmasse auf die Creme in den Formen oder Gläsern geben und im Kühlschrank mindestens 2 Stunden, am besten über Nacht, kalt stellen. Vor dem Servieren mit frischen Früchten und gehackten Pistazien garnieren.

### TIPP:
*Wenn Silikonformen verwendet werden, die durchgekühlte Panna cotta vor dem Stürzen 1 Stunde ins Eisfach stellen. So lassen sie sich besser aus der Form lösen.*

### Zutaten:

**Für die Creme:**
600 g Sahne
½ Vanilleschote
50 g Zucker
Salz
5 Blatt Gelatine
3 EL Holunderblütensirup

**Für die Fruchtschicht:**
300 g Himbeeren oder Erdbeeren
1 EL Puderzucker
2 Blatt Gelatine

**Zum Garnieren:**
frische Früchte
2 EL gehackte Pistazien
nach Belieben Holunderblütendolden

**DESSERT**

Table Tales — *www.tabletalesblog.blogspot.com*

# Topfenknödel mit Zwetschgenkompott

2014 gründete Iris Schwarz ihren Blog mit dem Ziel, „endlich alle lose herumflatternden Rezepte zu ordnen". Damals wie heute lebt sie mit ihrem Mann in Zürich, obwohl sie eigener Aussage zufolge nie aufgehört hat, von Paris zu träumen. Offenbar ebenso wenig vom europäischen Süden, denn von dort kommen die meisten der Rezepte auf ihrem Blog. Table Tales heißt er, weil Tische für Schwarz Lieblingsorte sind. „Eigentlich das Möbel schlechthin, reduziert, minimalistisch und gleichzeitig vielfältig verwendbar, zum Essen, Arbeiten, Schreiben, Lesen, Zeichnen und Träumen." Schon von Berufs wegen verbringt die Grafikerin und Illustratorin viel Zeit an Tischen. Entsprechend gut funktionieren Kochen und Backen für sie als Ausgleich. „Beides ist entspannend und sinnstiftend, denn wenn ein Rezept gelingt, freuen sich alle am Esstisch."

## Zubereitung:

**PORTIONEN:** 4 | **ZUBEREITUNG:** 1 Std. + 1 Std. Ruhezeit + Abtropfzeit über Nacht

- Für die Knödel am Vortag ein Sieb über einer Schüssel mit einem Baumwolltuch auslegen und den Quark daraufgeben. Dann in dem Tuch fest eindrehen und über Nacht im Kühlschrank abtropfen lassen.

- Für das Kompott die Zwetschgen waschen, entsteinen, vierteln und mit der Schnittfläche nach oben in einen Topf geben. Zucker, Vanillezucker, Zimtpulver und Zimtstange dazugeben und alles zugedeckt 1 Stunde ziehen lassen. Anschließend die Zwetschgen ohne Zugabe von Wasser zum Kochen bringen, die Hitze herunterschalten und die Zwetschgen 10 Minuten köcheln. Abkühlen lassen.

- Für die Knödel 60 g Butter cremig rühren. Die Eigelbe dazugeben und gründlich unterrühren. Topfen (Quark), Grieß und 1 Prise Salz dazugeben und verrühren. Die Eiweiße steif schlagen. Den Eischnee unter die Quarkmasse heben und alles 30 bis 60 Minuten ruhen lassen.

- In einem großen Topf Wasser erhitzen, es soll nicht kochen, eher simmern. Aus der Quarkmasse mit bemehlten Händen Kugeln formen. Wenn der Teig zu klebrig ist, kann man auch mit zwei Esslöffeln Nocken formen. In das heiße Wasser gleiten lassen und 12 bis 15 Minuten ziehen lassen.

- Die restliche Butter zerlassen und die Semmelbrösel darin anrösten. Den Zucker unterrühren.

- Die Knödel mit einer Schöpfkelle aus dem Wasser heben, abtropfen lassen und in den Semmelbröseln wälzen. Die Knödel auf Tellern anrichten, mit Puderzucker bestäuben und noch warm mit dem Zwetschgenkompott servieren.

DESSERT

## Zutaten:

**Für die Knödel:**

500 g Quark (Halbfettstufe, 20 %)
60 g Butter
2 Eigelb
80 g Grieß
Salz
2 Eiweiß

**Für die Brösel:**

40 g Butter
60 g Semmelbrösel
2 EL Zucker

**Außerdem:**

Puderzucker zum Bestäuben

**Für das Kompott:**

1 kg Zwetschgen
50 g brauner Zucker (ersatzweise weißer Zucker)
2 TL Vanillezucker
1 TL Zimtpulver
1 Zimtstange

**Cook and Bake with Andrea**  www.candbwithandrea.com

# Heidelbeereis mit Basilikum

Frucht- oder Milcheis, das ist für manche tatsächlich eine Glaubensfrage. Andrea Köhlnberger mag sich nicht entscheiden, in ihr Eis kommen Heidelbeeren, Joghurt, Sahne und Kondensmilch. Ein wenig Basilikum macht das Sommergefühl perfekt. Nach einer Zeit in München lebt die Finanzbeamtin mittlerweile in Erding. Cook and Bake with Andrea gibt es seit 2014, als Erweiterung ihres Instagram-Accounts, wo, wie sie sagt, das ein oder andere Rezept schon mal verloren ging. Nicht nur im Beruf, auch in der Küche geht Köhlnberger nämlich lieber geordnet vor: Normalerweise plant sie etwa fünf Tage im Voraus, was es für ihren Partner und sie zu essen gibt. Mit wem sie gern mal kochen würde? „Jamie Oliver. Aber nur, wenn er vorher mit mir einkaufen geht beziehungsweise verrät, wo er seine außergewöhnlichen Zutaten herbekommt."

**PORTIONEN:** 6 | **ZUBEREITUNG:** 20 Min. + Eismaschine

## Zubereitung:

- Die Beeren verlesen, waschen und trocken tupfen. Mit Zucker, Zitronensaft und -schale in einem Topf bei mittlerer Hitze etwa 10 Minuten köcheln lassen. Danach pürieren und nach Belieben durch ein Sieb passieren.

- Das Basilikum waschen, trocken schütteln, die Blätter von den Stielen zupfen und fein hacken. Zu den Heidelbeeren geben.

- Die Sahne steif schlagen. Wenn die Heidelbeeren ausgekühlt sind, mit dem Joghurt und der Kondensmilch vermischen, die Sahne vorsichtig unterheben. Die Masse in die Eismaschine geben und nach Geräteanleitung zubereiten.

### Zutaten:

200 g Heidelbeeren
175 g Zucker
Saft und abgeriebene Schale von
½ Bio-Zitrone
2 Stiele frisches Basilikum
200 g Sahne
200 g Joghurt
1 Dose gezuckerte Kondensmilch (400 g)

**DESSERT**

La Crema   www.lacrema-patisserie.com

# Schoko-Cassis-Törtchen

Dieses Dessert kreierte Elena Cremer (siehe auch S. 110) in Anlehnung an einen bekannten Kölner Patissier. Die Schoko-Cassis-Törtchen sind eines ihrer absoluten Lieblingsrezepte, und zwar nicht ohne Grund: Fluffiger Biskuit, herbes Schokoladenmousse und fruchtige Beeren ergeben eine unschlagbare Kombination.

## Zubereitung:

**PORTIONEN:** 12 Törtchen | **ZUBEREITUNG:** 2 Std. 30 Min. + Gefrierzeit über Nacht

- Für die marinierten Beeren die Johannisbeeren am Vortag mit Zucker und Likör gut vermischen. Einige Stunden stehen lassen. Anschließend mit einer Gabel leicht zerdrücken und in eine Silikonform mit Halbkugeln (4 cm Ø) füllen. Über Nacht einfrieren.

- Für den hellen Biskuit Eigelb und Puderzucker zu einer dicken Creme aufschlagen. Eiweiß mit Zucker und Stärke steif schlagen. Ein Drittel des Eischnees unter die Eigelbmasse ziehen. Den restlichen Eischnee daraufgeben, Mehl darübersieben und alles vorsichtig, aber zügig unterheben. Die Masse gleichmäßig dünn auf ein mit Backpapier belegtes Backblech streichen und mit einem Kammspatel Rillen hineinziehen, sodass Streifen entstehen. Den Biskuit mindestens 30 Minuten einfrieren.

- Den Backofen auf 200 °C (Ober-/Unterhitze) vorheizen. Für den Schokobiskuit Mandeln, Puderzucker und Eier dickcremig aufschlagen. Die Eiweiße mit Zucker steif schlagen. Ein Drittel des Eischnees unter die Eiermasse ziehen, den restlichen Eischnee daraufgeben. Mehl und Kakao mischen und darübersieben. Alles vorsichtig, aber zügig unterheben. 1 EL der Masse unter die flüssige Butter rühren und ebenfalls unter die Masse ziehen. Den hellen Biskuit aus dem Tiefkühlfach nehmen, den Schokobiskuit gleichmäßig daraufstreichen. Im vorgeheizten Ofen etwa 8 bis 12 Minuten backen. Den Biskuit vollständig auskühlen lassen, dann stürzen und das Backpapier vorsichtig abziehen. Danach in 12 Streifen mit 3 cm Höhe schneiden. Die Reste beiseitestellen.

- Für die Schokoladenmousse flüssige Sahne mit Zucker aufkochen. Vom Herd nehmen. Die Kuvertüre fein hacken, dazugeben und 2 Minuten stehen lassen. Anschließend gut unterrühren. Restliche Sahne cremig schlagen und unterheben.

- Für die Cassismousse ein Drittel des Pürees erwärmen, die ausgedrückte Gelatine darin auflösen. Mit dem restlichen Püree vermischen. Eigelbe und Zucker über einem Wasserbad warm rühren, anschließend in der Küchenmaschine so lange schlagen, bis die Masse dickcremig ist. Zuerst den Eigelbschaum, dann die Sahne unter das Püree heben.

- Zwölf Dessertringe (7,5 cm Ø) mit Tortenrandfolie auslegen. Je 1 vorbereiteten Biskuitstreifen an den Rand jedes Dessertrings legen, die Biskuitreste als Böden in die Ringe legen. Die Schokoladenmousse bis zum Rand der Biskuitstreifen füllen, je 1 gefrorene Beeren-Halbkugel mit der geraden Seite nach unten darauflegen. Die Dessertringe bis zum Rand mit Cassismousse füllen, kurz kühl stellen.

- Die Johannisbeerkonfitüre glatt rühren, bei Bedarf pürieren, bis keine Stückchen mehr vorhanden sind. Konfitüre gleichmäßig auf die Törtchen streichen. Am besten über Nacht in den Kühlschrank stellen oder 4 Stunden einfrieren.

- Die Schoko-Cassis-Törtchen vorsichtig aus den Dessertringen nehmen, die Tortenrandfolie abziehen. Die Brombeeren mit Cassisfruchtpulver bestäuben und die Törtchen damit dekorieren.

**DESSERT**

## Zutaten:

**Für die marinierten Beeren:**
200 g Schwarze Johannisbeeren (alternativ gemischte Waldbeeren)
20 g Zucker
20 ml Cassislikör

**Für den hellen Biskuit:**
1 Eigelb (Gr. M)
10 g Puderzucker
1 Eiweiß (Gr. M)
10 g Zucker
10 g Stärke
10 g Mehl

**Für den Schokobiskuit:**
70 g gemahlene Mandeln
70 g Puderzucker
2 Eier (Gr. M)
3 Eiweiß (Gr. M)
45 g Zucker
55 g Mehl
20 g Kakaopulver
25 g flüssige Butter

**Für die Schokoladenmousse:**
140 g Sahne (flüssig)
20 g Zucker
200 g Kuvertüre (70 % Kakaoanteil)
320 g Sahne

**Für die Cassismousse:**
220 g Cassispüree
6 Blatt Gelatine
4 Eigelb (Gr. M)
90 g Zucker
550 g Sahne (cremig geschlagen)

**Außerdem:**
200 g schwarze Johannisbeerkonfitüre
Brombeeren für die Dekoration
Cassisfruchtpulver

# Grießpuddingschnitte mit weißer Schokolade und Vanille-Rhabarber

Schon gewusst? Bei Rhabarber handelt es sich nicht um ein Obst, sondern um ein Gemüse, genauer gesagt, um eine Unterart der Knöterichgewächse. Bevor die Saison mit dem Juni zu Ende geht, heißt es schnell sein. Fabian Dietrich (siehe auch S. 172) kombiniert die pinken Stangen mit weißer Schokolade, Vanille und dem Kinderessen schlechthin: Grießpudding.

## Zubereitung:

**PORTIONEN:** 4 | **ZUBEREITUNG:** 2 Std.

- Das Ei trennen und das Eiweiß mit 1 Prise Salz steif schlagen. Den Rhabarber putzen, schälen, waschen und in ungleich lange (1–3 cm) Stücke schneiden. Die Vanilleschote längs halbieren und das Mark herauskratzen.

- Den Mandeldrink in einem Topf erhitzen. 2 EL Rohrohrzucker und die Hälfte des Vanillemarks sowie 1 Schotenhälfte in den Mandeldrink geben und gut verrühren. Den Weizengrieß unter ständigem Rühren hinzugeben und einmal aufkochen lassen. Vom Herd nehmen und 50 g weiße Schokolade, die Hälfte der Zitronenzeste und das Eigelb hineingeben und zügig unterrühren. Die Vanilleschote wieder entfernen.

- Den Grießpudding in einer Schüssel etwas abkühlen lassen. In der Zwischenzeit die Rhabarberstücke zusammen mit dem übrigen Zucker, dem Rest der Zitronenzeste, dem Zitronensaft sowie dem restlichen Vanillemark und der zweiten Schotenhälfte in einen kleinen Topf geben und unter vorsichtigem Rühren 3 bis 5 Minuten köcheln lassen. Vom Herd nehmen und in einer Schüssel abkühlen lassen.

- Das steif geschlagene Eiweiß unter die leicht abgekühlte Grießpuddingmasse heben. Die Grießpuddingmasse in vier eckige Servierformen verteilen, glatt streichen und im Kühlschrank abkühlen lassen.

- Sind Grießpudding und Rhabarber abgekühlt, die einzelnen Rhabarberstücke senkrecht auf den Grießpudding in den Servierformen stellen, bis die gesamte Fläche bedeckt ist. Die Formen 1 weitere Stunde in den Kühlschrank stellen.

- Zum Servieren vier flache Teller zur Hälfte mit einem Blatt Papier abdecken und weiße Schokolade auf die nicht abgedeckte Seite des Tellers reiben. Das Blatt entfernen und jeweils 1 Grießpuddingschnitte in der Mitte des Tellers platzieren, die Servierform entfernen und den Kuchen mit den Pistazien garnieren.

# DESSERT

## Zutaten:

1 Bio-Ei

Salz

350 g Rhabarber

1 Vanilleschote

½ l Mandeldrink

6 EL Rohrohrzucker

100 g Weichweizengrieß

100 g weiße Schokolade

1 unbehandelte Zitronenzeste

Saft von ½ Zitrone

20 Pistazienkerne

**Vegane Vibes**  www.veganevibes.de

# Veganes Tiramisu

Aus dem Italienischen übersetzt bedeutet Tiramisu „zieh mich hoch". Ursprünglich stammt der Dessertklassiker aus Venedig und steht inzwischen auf der Karte praktisch aller italienischen Restaurants der Welt. Caroline Pritschet (siehe auch S. 70) macht daraus eine vegane Köstlichkeit, mit Seidentofu und Cashewkerncreme, mit Mandeldrink statt Mascarpone. Hier stimmen die Vibes!

**PORTIONEN:** 8 | **ZUBEREITUNG:** 1 Std.

## Zubereitung:

- Für den Mascarpone die Cashewkerne in kaltem Wasser einweichen, falls kein Hochleistungsmixer vorhanden ist. Kaffee oder Espresso zubereiten, abkühlen lassen und beiseitestellen.

- Für den Biskuit Leinsameneier ansetzen und beiseitestellen. Den Backofen auf 175 °C (Ober-/Unterhitze) vorheizen und eine Kastenform (20 × 20 cm Ø) mit Backpapier auslegen. Die Seiten optional mit etwas veganer Margarine einfetten.

- Natron, Apfelessig und Pflanzendrink in eine Schüssel geben und vermischen. Die Flüssigkeit sollte jetzt leicht schäumen. Dinkelmehl und Mandelmehl hineinsieben. Maisstärke, Backpulver, Rohrohrzucker, Öl, Bourbon-Vanille nach Belieben, 1 Prise Salz und Leinsameneier dazugeben. Mit einem Schneebesen oder Silikonschaber zu einem glatten Teig verarbeiten. Alternativ den Teig in der Küchenmaschine oder dem Hochleistungsmixer zubereiten. Er kann je nach Mehlsorte flüssiger oder fester werden. Falls er zu fest ist, mehr Pflanzendrink dazugeben, falls er zu flüssig ist, mehr Mehl hinzufügen.

- Den Teig in die Kastenform gießen und 30 Minuten im vorgeheizten Ofen backen. Die Stäbchenprobe machen: Ein Holzstäbchen in den Teig stechen, kleben keine Reste daran, ist der Kuchen fertig. Dann vollständig abkühlen lassen.

- Für den Mascarpone alle Zutaten in den Hochleistungsmixer oder einen anderen leistungsstarken Mixer geben und etwa 1 Minute zu einer feinen Creme verarbeiten. In den Kühlschrank stellen und fest werden lassen.

- Den Biskuit mit einem langen Messer waagerecht in zwei Hälften schneiden und aufklappen. Den Boden wieder zurück in die Kastenform geben und mit der Hälfte des Kaffees beträufeln.

- Die Hälfte des veganen Mascarpones mit einem Silikonspatel oder einem Löffel auf dem Boden verteilen. Den zweiten Buskuitboden darauflegen. Die restliche Creme darauf verteilen, glatt streichen und das Tiramisu kühl stellen, am besten über Nacht durchziehen lassen. Alternativ 30 Minuten in den Gefrierschrank geben, aus der Form lösen, mit reichlich Kakao bestäuben und portionieren.

### TIPP:

*Das Tiramisu schmeckt besonders gut und lässt sich super portionieren, wenn man es 30 Minuten anfriert. Es kann bis zu 5 Tage luftdicht verschlossen im Kühlschrank aufbewahrt werden. Frisch eingefroren ist es einige Wochen haltbar.*

**DESSERT**

## Zutaten:

**Für den veganen Mascarpone:**
150 g Cashewkerne
125 ml Haferdrink oder einen anderen Pflanzendrink
½ Tasse Seidentofu
40 g Ahornsirup oder ein anderes Süßungsmittel nach Wahl
Saft von ½ Zitrone
¼ TL Xanthan Gum (alternativ
3 EL (45 ml) Kokosnussöl)

**Für den Biskuit:**
2 Leinsameneier
¼ TL Natron
1 EL Apfelessig
115 ml Pflanzendrink
120 g feines Dinkelmehl (alternativ glutenfreie Mehlmischung)
60 g Mandelmehl (alternativ Hafer- oder Kokosnussmehl)
30 g Maisstärke (alternativ mehr Mehl)
1½ TL Backpulver

120 g Rohrohrzucker
30 g Brat- und Backöl oder ein anderes hoch erhitzbares Öl
¼ TL gemahlene Bourbon-Vanille (nach Belieben)
Salz

**Außerdem:**
150 ml kalter starker Kaffee oder Espresso
Kakaopulver nach Belieben als Topping

# Blogregister

## A

| | |
|---|---|
| About Fuel | 172, 186 |
| Anonyme Köche | 76, 98 |
| Apple & Ginger | 46 |
| AvocadoBanane | 42, 100 |

## B

| | |
|---|---|
| Berliner Speisemeisterei | 144 |
| BesondersGut | 26 |
| Bistro Badia | 176 |
| Brotschwester | 72 |
| Butter und Zucker | 128 |

## C

| | |
|---|---|
| Cook and Bake with Andrea | 182 |

## D

| | |
|---|---|
| Daily Sugar Love | 118 |
| derultimativekochblog | 38 |
| Die Küchenlounge | 84, 94 |

## E

| | |
|---|---|
| Eat this! | 170 |

## F

| | |
|---|---|
| feiertäglich | 96 |
| felicitas_kocht | 24 |
| Food Enthusiast | 40 |
| Frau Herzblut | 166 |
| Frau Zuckerstein | 16, 126 |

## G

| | |
|---|---|
| Gaumenpoesie | 48, 90 |
| Gerne kochen | 64 |
| Geschmacksmomente | 114 |

## H

| | |
|---|---|
| Healthy Bites | 152 |
| Heavenlynn Healthy | 22 |
| Heisse Himbeeren | 134 |
| Helene Holunder | 80 |
| Holunderweg 18 | 88, 150 |

## K

| | |
|---|---|
| Kaffee mit Freunden | 106 |
| Kaleidoscopic Kitchen | 60, 112 |
| Klara's Life | 104 |
| Kochhelden.TV | 78 |
| Küchenchaotin | 158 |

# BLOGREGISTER

## L

| | |
|---|---|
| La Crema | 110, 184 |
| Lilaliv | 82 |
| Little Bee | 124 |
| Live Love Peanuts | 54 |

## M

| | |
|---|---|
| Madame Rote Rübe | 14 |
| Mary Miso | 168 |
| Mein kleiner Foodblog | 18, 148 |
| Monsieur Muffin | 178 |
| Münchner Küche | 122 |

## N

| | |
|---|---|
| Naturally Good | 10, 32 |
| Nicest Things | 92, 130 |
| Nom Noms food | 58, 108 |
| nutsandblueberries | 12, 146 |

## O

| | |
|---|---|
| Oh my gut! | 50, 56 |

## P

| | |
|---|---|
| Pias Deli | 140 |
| Plötzblog | 8 |

## S

| | |
|---|---|
| salt'n sugar | 138 |
| Schlaraffenwelt | 156 |
| schmecktwohl | 20, 162 |
| Schokoladenpfeffer | 62, 154 |
| Sheloveseating | 30 |
| Sia's Soulfood | 28, 174 |
| Sophia Hoffmann | 142 |
| Stylingkitchen | 68, 86 |

## T

| | |
|---|---|
| Table Tales | 180 |
| Teigliebe | 120 |
| The Culinary Trial | 136 |

## V

| | |
|---|---|
| Vanillaholica | 160 |
| Vegane Vibes | 70, 188 |
| voll gut & gut voll | 44, 52 |

## W

| | |
|---|---|
| Wilde Schote | 34 |

## Z

| | |
|---|---|
| Zucker & Jagdwurst | 116 |

# Rezeptregister

## A

| | |
|---|---|
| Apfel-Zimt-Konfitüre, English Muffins mit | 28 |
| Apfelkuchen, gedeckter, mit buttrig-zimtigem Mürbteig | 106 |

**Aubergine:**

| | |
|---|---|
| Gefüllte Auberginen mit Rinderragout | 94 |
| Gefüllte Auberginenröllchen mit Macadamiacrunch | 80 |
| Shakshuka à la Fritze & Fratze | 38 |
| Thunfisch mit indischem Kassoundi | 144 |

## B

| | |
|---|---|
| Baklava-Taschen, knusprige, mit Cremefüllung | 176 |

**Beeren:**

| | |
|---|---|
| Crème brûlée mit Blüten und Beeren | 166 |
| Dattelstückchen mit Cashewkerncreme | 126 |
| Heidelbeer-Pistazien-Torte | 118 |
| Heidelbeereis mit Basilikum | 182 |
| Holunderblüten-Panna-cotta mit fruchtiger Erdbeerschicht | 178 |
| Knuspermüsli mit Vanillejoghurt und Beeren | 18 |
| No-bake-Cheesecake im Glas mit frischen Himbeeren | 112 |
| Rote-Bete-Falafel, Gemüsechips, Erdbeer-Pistazien-Riegel | 152 |
| Schoko-Cassis-Törtchen | 184 |
| Skyrcreme mit French-Toast-Croûtons und Erdbeeren | 60 |
| Belugalinsen-Salat, warmer | 160 |

**Birne:**

| | |
|---|---|
| Cashew-Zwiebel-Aufstrich mit frischem Beifuß | 34 |
| Gebackene Birnenhälften mit Gorgonzola, Honig und Thymian | 172 |
| Herbstliches Hirseporridge mit warmen Birnen | 22 |
| Kürbiscurry mit Birne und Kokosmilch | 162 |
| Blumen-Kurkuma-Focaccia | 56 |
| Blumenkohlsteaks mit Blumenkohl-Sesam-Püree und Birnenchutney | 150 |
| Brotlinge mit knusprigen Ofenpommes | 142 |
| Bruschetta, Feigenragout-, mit Ziegenfrischkäse und Coppa | 64 |
| Bruschetta, Sauerteig-, toskanische, mit Pilzen | 50 |
| Bunte Tomatenquiche mit lockerem Quarkteig | 146 |
| Burger, Seitan- (für den Grill) | 70 |

## C

| | |
|---|---|
| Camembert, gebackener, im Brot mit Honig und Walnüssen | 158 |

**Cashewkerne:**

| | |
|---|---|
| Cashew-Zwiebel-Aufstrich mit frischem Beifuß | 34 |
| Dattelstückchen mit Cashewkerncreme | 126 |
| Gefüllte Auberginenröllchen mit Macadamiacrunch | 80 |
| Overnight Oats mit Pflaumenkompott | 10 |
| Veganes Tiramisu | 188 |
| Cheesecake, Cookie Dough, mit Saltet Caramel Swirl | 130 |
| Cheesecake, No-bake-, im Glas mit frischen Himbeeren | 112 |
| Cookie Dough Cheesecake mit Salted Caramel Swirl | 130 |
| Crème brûlée mit Blüten und Beeren | 166 |
| Cremiger Spinat-Ziegenkäse-Hummus mit fluffigen Spinat-Pita-Broten aus der Pfanne | 58 |

## D

**Datteln:**

| | |
|---|---|
| Dattelstückchen mit Cashewkerncreme | 126 |
| Grüne Smoothie-Bowl | 12 |
| Herbstliches Hirseporridge mit warmen Birnen | 22 |
| Rote-Bete-Falafel, Gemüsechips, Erdbeer-Pistazien-Riegel | 152 |
| Dinkel-Franzbrötchen | 8 |
| Dreikönigskuchen, wilder | 26 |
| Drunken Pasta – in Rotwein gekochte Spaghetti mit Radicchio & Walnüssen | 92 |

## E

**Eier:**

| | |
|---|---|
| Bunte Tomatenquiche mit lockerem Quarkteig | 146 |
| Crème brûlée mit Blüten und Beeren | 166 |
| Dinkel-Franzbrötchen | 8 |
| Frühlingshaftes Bananenbrot | 52 |

# REZEPTREGISTER

Gedeckter Apfelkuchen mit buttrig-zimtigem Mürbteig 106
Grießpuddingschnitten mit weißer Schokolade und Vanille-Rhabarber 186
Grießschmarren mit Mirabellenröster aus dem Ofen 62
Heidelbeer-Pistazien-Torte 118
Kalbsbutterschnitzel mit Zitronen-Butter-Sauce 90
Kürbis-Linsen-Baguette mit Spiegelei 20
Milchschnitten-Torte mit Salzkaramell 108
Quinoasalat mit Rhabarberdressing 138
Rhabarbertarte 114
Rote-Bete-Brownies mit Schokolade 124
Scharfe Miso-Ramen 134
Schoko-Cassis-Törtchen 184
Shakshuka à la Fritze & Fratze 38
Skyrcreme mit French-Toast-Croûtons und Erdbeeren 60
Sizilianisches Mandelgebäck 122
Spinatknödel mit gebräunter Butter, Pinienkernen und Parmesan 96
Südtiroler Speckknödel mit Rindsgulasch 68
Thunfisch mit indischem Kassoundi 144
Topfenknödel mit Zwetschgenkompott 180
Zebra-Käsekuchen 120
Zimtschnecken-Gugelhupf 110
Eiersalat, veganer 30
English Muffins mit Apfel-Zimt-Konfitüre 28
Exzeptionelle Pasta aus Sardinien: Fregula sarda mit Frutti di mare 98

## F

Feigenragout-Bruschetta mit Ziegenfrischkäse und Coppa 64
Feldsalatsuppe mit Kresse und Radieschen 48
Feta:
    Lachs-Täschchen mit Spinat und Feta 42
    Rote-Bete-Tarte-Tatin 88
    Shakshuka à la Fritze & Fratze 38
    Spinat-Tagliatelle mit Möhren und gebratenem Speck 84
    Zitronencouscous mit Knusper-Feta, Sonnenblumenkernen und Naturjoghurt 148
Focaccia, Blumen-Kurkuma- 56
Franzbrötchen, Dinkel- 8
Fregula sarda mit Frutti di mare, exzeptionelle Pasta aus Sardinien 98
French Toast 24
Frühlingshaftes Bananenbrot 52

## G

Gebackene Birnenhälften mit Gorgonzola, Honig und Thymian 172
Gebackener Camembert im Brot mit Honig und Walnüssen 158
Gebeizter Lachs mit Blutorangen und Martini 140
Gedeckter Apfelkuchen mit buttrig-zimtigem Mürbteig 106
Gefüllte Auberginen mit Rinderragout 94
Gefüllte Auberginenröllchen mit Macadamiacrunch 80
Gemüse aus dem Wok mit Garnelen 86
Granola-Tartelettes 44
Grieß:
    Grießpuddingschnitten mit weißer Schokolade und Vanille-Rhabarber 186
    Grießschmarren mit Mirabellenröster aus dem Ofen 62
    Malloreddus mit geschmorter Lammschulter 76
    Sauerteig-Pizza 72
    Topfenknödel mit Zwetschgenkompott 180
Grüne Smoothie-Bowl 12
Gugelhupf, Zimtschnecken- 110

## H

Haferflocken:
    Granola-Tartelettes 44
    Kartoffel-Vollkorn-Topfbrot mit Haferflocken 14
    Knuspermüsli mit Vanillejoghurt und Beeren 18
    Overnight Oats mit Pflaumenkompott 10
Hefe:
    Blumen-Kurkuma-Focaccia 56
    Cremiger Spinat-Ziegenkäse-Hummus mit fluffigen Spinat-Pita-Broten aus der Pfanne 58

193

| | |
|---|---:|
| Dinkel-Franzbrötchen | 8 |
| English Muffins mit Apfel-Zimt-Konfitüre | 28 |
| Kartoffel-Vollkorn-Topfbrot mit Haferflocken | 14 |
| Kürbisbrot mit Pflaumenchutney | 32 |
| Zimtschnecken-Gugelhupf | 110 |
| Heidelbeer-Pistazien-Torte | 118 |
| Heidelbeereis mit Basilikum | 182 |
| Herbstliches Hirseporridge mit warmen Birnen | 22 |
| Holunderblüten-Panna-cotta mit fruchtiger Erdbeerschicht | 178 |

**Honig:**
| | |
|---|---:|
| Dattelstückchen mit Cashewkerncreme | 126 |
| English Muffins mit Apfel-Zimt-Konfitüre | 28 |
| Gebackene Birnenhälften mit Gorgonzola, Honig und Thymian | 172 |
| Gebackener Camembert im Brot mit Honig und Walnüssen | 158 |
| Grießschmarren mit Mirabellenröster aus dem Ofen | 62 |
| Honigbutter und Tomatenbutter | 16 |
| Kartoffel-Vollkorn-Topfbrot mit Haferflocken | 14 |
| Knuspermüsli mit Vanillejoghurt und Beeren | 18 |
| Thunfisch mit indischem Kassoundi | 144 |
| Weiße Schokoladencreme mit Granatapfel | 174 |

# J

**Joghurt:**
| | |
|---|---:|
| Cashew-Zwiebel-Aufstrich mit frischem Beifuß | 34 |
| Dinkel-Franzbrötchen | 8 |
| English Muffins mit Apfel-Zimt-Konfitüre | 28 |
| Granola-Tartelettes | 44 |
| Heidelbeer-Pistazien-Torte | 118 |
| Heidelbeereis mit Basilikum | 182 |
| Knuspermüsli mit Vanillejoghurt und Beeren | 18 |
| Overnight Oats mit Pflaumenkompott | 10 |
| Weiße Schokoladencreme mit Granatapfel | 174 |
| Zitronencouscous mit Knusper-Feta, Sonnenblumenkernen und Naturjoghurt | 148 |

# K

| | |
|---|---:|
| Kalbsbutterschnitzel mit Zitronen-Butter-Sauce | 90 |

**Kartoffeln:**
| | |
|---|---:|
| Brotlinge mit knusprigen Ofenpommes | 142 |
| Kalbsbutterschnitzel mit Zitronen-Butter-Sauce | 90 |
| Kartoffel-Vollkorn-Topfbrot mit Haferflocken | 14 |
| Lammkrone mit Bärlauch-Schupfnudeln | 100 |
| Käsekuchen, Zebra- | 120 |

**Kichererbsen:**
| | |
|---|---:|
| Cremiger Spinat-Ziegenkäse-Hummus mit fluffigen Spinat-Pita-Broten aus der Pfanne | 58 |
| Rote-Bete-Falafel, Gemüsechips, Erdbeer-Pistazien-Riegel | 152 |
| Veganer Eiersalat | 30 |
| Knuspermüsli mit Vanillejoghurt und Beeren | 18 |
| Knusprige Baklava-Taschen mit Cremefüllung | 176 |
| Kokos-Milchreis mit Mangopüree | 46 |

**Kürbis:**
| | |
|---|---:|
| Kürbis con Carne – Ofenkürbis mit Tex-Mex-Füllung | 78 |
| Kürbis-Linsen-Baguette mit Spiegelei | 20 |
| Kürbisbrot mit Pflaumenchutney | 32 |
| Kürbiscurry mit Birne und Kokosmilch | 162 |
| Risotto mit Quitte, Kürbis, Gorgonzola und Rosmarin | 154 |

# L

| | |
|---|---:|
| Lachs, gebeizter, mit Blutorangen und Martini | 140 |
| Lachstäschchen mit Spinat und Feta | 42 |
| Lammkrone mit Bärlauch-Schupfnudeln | 100 |
| Lammschulter, Malloreddus mit geschmorter | 76 |

**Linsen:**
| | |
|---|---:|
| Kürbis-Linsen-Baguette mit Spiegelei | 20 |
| Süßkartoffel-Linsen-Suppe mit Koriander-Erdnuss-Pesto und Ziegenkäse | 136 |
| Warmer Belugalinsen-Salat | 160 |

# M

| | |
|---|---:|
| Malloreddus mit geschmorter Lammschulter | 76 |

**Mandeln:**
| | |
|---|---:|
| Dattelstückchen mit Cashewkerncreme | 126 |
| Heidelbeer-Pistazien-Torte | 118 |
| Rhabarberstrudel | 128 |

# REZEPTREGISTER

Rhabarbertarte 114
Ricotta-Eiscreme mit karamellisierten Mandeln,
Zitrone und Thymian 168
Rote-Bete-Falafel, Gemüsechips, Erdbeer-
Pistazien-Riegel 152
Schoko-Cassis-Törtchen 184
Sizilianisches Mandelgebäck 122
Zwetschgenstrudel mit Mandelstreuseln 104
Milchschnitten-Torte mit Salzkaramell 108
Milchreis, Kokos-, mit Mangopüree 46
Miso-Ramen, scharfe 134
Mohn-Zitronen-Pancakes 40

**Möhren:**
Gemüse aus dem Wok mit Garnelen 86
Lammkrone mit Bärlauch-Schupfnudeln 100
Malloreddus mit geschmorter Lammschulter 76
Spinat-Tagliatelle mit Möhren und gebratenem Speck 84
Warmer Belugalinsen-Salat 160

# N

No-bake-Cheesecake im Glas mit frischen Himbeeren 112

# O

Overnight Oats mit Pflaumenkompott 10

# P

Pancakes, Mohn-Zitronen- 40
Panna-cotta, Holunderblüten-, mit
fruchtiger Erdbeerschicht 178

**Paprika:**
Gemüse aus dem Wok mit Garnelen 86
Kürbis con Carne –Ofenkürbis mit Tex-Mex-Füllung 78
Kürbiscurry mit Birne und Kokosmilch 162
Shakshuka à la Fritze & Fratze 38

**Pilze:**
Gemüse aus dem Wok mit Garnelen 86
Lachstäschchen mit Spinat und Feta 42
Scharfe Miso-Ramen 134
Seitanburger (für den Grill) 70

Toskanische Sauerteig-Bruschetta mit Pilzen 50

**Pistazien:**
Grießpuddingschnitten mit weißer Schokolade
und Vanille-Rhabarber 186
Heidelbeer-Pistazien-Torte 118
Holunderblüten-Panna-cotta mit fruchtiger
Erdbeerschicht 178
Knusprige Baklava-Taschen mit Cremefüllung 176
Rote-Bete-Falafel, Gemüsechips, Erdbeer-
Pistazien-Riegel 152
Skyrcreme mit French-Toast-Croûtons
und Erdbeeren 60
Pizza, Sauerteig- 72

# Q

**Quark:**
Bunte Tomatenquiche mit lockerem Quarkteig 146
Cookie Dough Cheesecake mit Salted Caramel Swirl 130
Grießschmarren mit Mirabellenröster aus dem Ofen 62
Kartoffel-Vollkorn-Topfbrot mit Haferflocken 14
Spinatknödel mit gebräunter Butter, Pinienkernen
und Parmesan 96
Topfenknödel mit Zwetschgenkompott 180
Zebra-Käsekuchen 120
Quinoasalat mit Rhabarberdressing 138

# R

**Radieschen:**
Feldsalatsuppe mit Kresse und Radieschen 48
Kalbsbutterschnitzel mit Zitronen-Butter-Sauce 90
Quinoasalat mit Rhabarberdressing 138

**Rhabarber:**
Grießpuddingschnitten mit weißer Schokolade und
Vanille-Rhabarber 186
Quinoasalat mit Rhabarberdressing 138
Rhabarberstrudel 128
Rhabarbertarte 114
Vanille-Rhabarber-Kompott mit Kardamom 170
Ricotta-Eiscreme mit karamellisierten Mandeln,
Zitrone und Thymian 168

195

**Rind:**
    Gefüllte Auberginen mit Rinderragout 94
    Kürbis con Carne – Ofenkürbis mit Tex-Mex-Füllung 78
    Südtiroler Speckknödel mit Rindsgulasch 68
Risotto mit Quitte, Kürbis, Gorgonzola und Rosmarin 154
**Rote Bete:**
    Rote-Bete-Brownies mit Schokolade 124
    Rote-Bete-Falafel, Gemüsechips, Erdbeer-Pistazien-Riegel 152
    Rote-Bete-Tarte-Tatin 88
Rührei, Tofu- 54

# S

**Sahne:**
    Cookie Dough Cheesecake mit Salted Caramel Swirl 130
    Crème brûlée mit Blüten und Beeren 166
    Holunderblüten-Panna-cotta mit fruchtiger Erdbeerschicht 178
    Heidelbeer-Pistazien-Torte 118
    Heidelbeereis mit Basilikum 182
    Kalbsbutterschnitzel mit Zitronen-Butter-Sauce 90
    Milchschnitten-Torte mit Salzkaramell 108
    No-bake-Cheesecake im Glas mit frischen Himbeeren 112
    Ricotta-Eiscreme mit karamellisierten Mandeln, Zitrone und Thymian 168
    Schoko-Cassis-Törtchen 184
    Weiße Schokoladencreme mit Granatapfel 174
Sauerteig-Bruschetta, toskanische, mit Pilzen 50
Sauerteig-Pizza 72
Scharfe Miso-Ramen 134
**Schokolade:**
    Cookie Dough Cheesecake mit Salted Caramel Swirl 130
    Grießpuddingschnitten mit weißer Schokolade und Vanille-Rhabarber 186
    Rote-Bete-Brownies mit Schokolade 124
    Schoko-Cassis-Törtchen 184
    Weiße Schokoladencreme mit Granatapfel 174
Schwertfisch mit Gremolata gebeizt 156
Seitanburger (für den Grill) 70
Shakshuka à la Fritze & Fratze 38

Sizilianisches Mandelgebäck 122
Skyrcreme mit French-Toast-Croûtons und Erdbeeren 60
Smoothie-Bowl, grüne 12
Soba-Nudeln mit Chimichurri und Hähnchen 82
Spaghetti, in Rotwein gekocht, mit Radicchio & Walnüssen – Drunken Pasta 92
Speckknödel, Südtiroler, mit Rindsgulasch 68
**Spinat:**
    Cremiger Spinat-Ziegenkäse-Hummus mit fluffigen Spinat-Pita-Broten aus der Pfanne 58
    Grüne Smoothie-Bowl 12
    Lachstäschchen mit Spinat und Feta 42
    Spinat-Tagliatelle mit Möhren und gebratenem Speck 84
    Spinatknödel mit gebräunter Butter, Pinienkernen und Parmesan 96
    Toskanische Sauerteig-Bruschetta mit Pilzen 50
Südtiroler Speckknödel mit Rindsgulasch 68
Süßkartoffel-Linsen-Suppe mit Koriander-Erdnuss-Pesto und Ziegenkäse 136

# T

Thunfisch mit indischem Kassoundi 144
Tiramisu, veganes 188
**Tofu:**
    Scharfe Miso-Ramen 134
    Tofu-Rührei 54
    Veganes Tiramisu 188
**Tomaten:**
    Blumen-Kurkuma-Focaccia 56
    Bunte Tomatenquiche mit lockerem Quarkteig 146
    Honigbutter und Tomatenbutter 16
    Thunfisch mit indischem Kassoundi 144
    Toskanische Sauerteig-Bruschetta mit Pilzen 50
Topfenknödel mit Zwetschgenkompott 180
Toskanische Sauerteig-Bruschetta mit Pilzen 50

# V

Vanille-Rhabarber-Kompott mit Kardamom 170

# REZEPTREGISTER

| | |
|---|---|
| Veganer Eiersalat | 30 |
| Veganer Zitronen-Mohn-Kuchen | 116 |
| Veganes Tiramisu | 188 |

## W

| | |
|---|---|
| Warmer Belugalinsen-Salat | 160 |

**Wein:**

| | |
|---|---|
| Drunken Pasta – in Rotwein gekochte Spaghetti mit Radicchio & Walnüssen | 92 |
| Exzeptionelle Pasta aus Sardinien: Fregula sarda mit Frutti di mare | 98 |
| Kürbisbrot mit Pflaumenchutney | 32 |
| Lammkrone mit Bärlauch-Schupfnudeln | 100 |
| Malloreddus mit geschmorter Lammschulter | 76 |
| Risotto mit Quitte, Kürbis, Gorgonzola und Rosmarin | 154 |
| Südtiroler Speckknödel mit Rindsgulasch | 68 |
| Toskanische Sauerteig-Bruschetta mit Pilzen | 50 |
| Weiße Schokoladencreme mit Granatapfel | 174 |
| Wilder Dreikönigskuchen | 26 |

## Z

| | |
|---|---|
| Zebra-Käsekuchen | 120 |

**Ziegenkäse:**

| | |
|---|---|
| Bunte Tomatenquiche mit lockerem Quarkteig | 146 |
| Cremiger Spinat-Ziegenkäse-Hummus mit fluffigen Spinat-Pita-Broten aus der Pfanne | 58 |
| Feigenragout-Bruschetta mit Ziegenfrischkäse und Coppa | 64 |
| Süßkartoffel-Linsen-Suppe mit Koriander-Erdnuss-Pesto und Ziegenkäse | 136 |
| Zimtschnecken-Gugelhupf | 110 |

**Zitronen:**

| | |
|---|---|
| Cremiger Spinat-Ziegenkäse-Hummus mit fluffigen Spinat-Pita-Broten aus der Pfanne | 58 |
| Dattelstückchen mit Cashewkerncreme | 126 |
| English Muffins mit Apfel-Zimt-Konfitüre | 28 |
| Gemüse aus dem Wok mit Garnelen | 86 |
| Grießpuddingschnitten mit weißer Schokolade und Vanille-Rhabarber | 186 |
| Kalbsbutterschnitzel mit Zitronen-Butter-Sauce | 90 |
| Mohn-Zitronen-Pancakes | 40 |
| Soba-Nudeln mit Chimichurri und Hähnchen | 82 |
| Rhabarberstrudel | 128 |
| Ricotta-Eiscreme mit karamellisierten Mandeln, Zitrone und Thymian | 168 |
| Schwertfisch mit Gremolata gebeizt | 156 |
| Thunfisch mit indischem Kassoundi | 144 |
| Veganer Zitronen-Mohn-Kuchen | 116 |
| Zitronencouscous mit Knusper-Feta, Sonnenblumenkernen und Naturjoghurt | 148 |

**Zucchini:**

| | |
|---|---|
| Gemüse aus dem Wok mit Garnelen | 86 |
| Gefüllte Auberginenröllchen mit Macadamiacrunch | 80 |
| Shakshuka à la Fritze & Fratze | 38 |
| Zwetschgenstrudel mit Mandelstreuseln | 104 |

**Zwiebel:**

| | |
|---|---|
| Blumenkohlesteaks mit Blumenkohl-Sesam-Püree und Birnenchutney | 150 |
| Brotlinge mit knusprigen Ofenpommes | 142 |
| Bunte Tomatenquiche mit lockerem Quarkteig | 146 |
| Cashew-Zwiebel-Aufstrich mit frischem Beifuß | 34 |
| Gefüllte Auberginen mit Rinderragout | 94 |
| Kürbis con Carne – Ofenkürbis mit Tex-Mex-Füllung | 78 |
| Kürbiscurry mit Birne und Kokosmilch | 162 |
| Malloreddus mit geschmorter Lammschulter | 76 |
| Rote-Bete-Falafel, Gemüsechips, Erdbeer-Pistazien-Riegel | 152 |
| Rote-Bete-Tarte-Tatin | 88 |
| Seitan-Burger (für den Grill) | 70 |
| Shakshuka à la Fritze & Fratze | 38 |
| Spinatknödel mit gebräunter Butter, Pinienkernen und Parmesan | 96 |
| Südtiroler Speckknödel mit Rindsgulasch | 68 |
| Süßkartoffel-Linsen-Suppe mit Koriander-Erdnuss-Pesto und Ziegenkäse | 136 |
| Tofu-Rührei | 54 |

## ZUR AUTORIN

**Eva Biringer** schreibt als freie Autorin über Kultur, Reisen und Kulinarisches. Bei ZEIT ONLINE betreut sie die Kochkolumne Sonntagsessen, in welcher sie ausgewählte Foodblogs besucht und saisonale Rezepte vorstellt.

1. Auflage 2021
© 2021 Edel Verlagsgruppe GmbH
Kaiserstraße 14 b
D-80801 München
ISBN: 978-3-96584-168-0

## FOOD FOTOS

Im Buch enthaltene Fotos können zur eigenen Nutzung erworben werden unter www.stockfood.de

## IMPRESSUM

**Hinter jedem tollen Buch steckt ein starkes Team**
Projektleitung: *Rebecca Angerer*
Projektkoordination Zeitverlag: *Laura Klaßen*
Texte: *Eva Biringer*
Rezepte: *Jede*r Foodblogger*in ist Autor*in des eigenen Rezepts.*
Lektorat: *Edelgard Prinz-Korte*
Grafisches Konzept: *Alessandro Serafino*
Grafische Gestaltung und Satz: *Alessandro Serafino*
Rezeptfotografie: *Jede*r Foodblogger*in ist Fotograf*in des eigenen Rezeptbildes.*
Herstellung: *Frank Jansen*
Producing: *Jan Russok*
Druck & Bindung: *optimal media GmbH, Röbel*

© ZEIT ONLINE GmbH

Alle Rechte vorbehalten. All rights reserved.
Das Werk darf — auch teilweise — nur mit Genehmigung des Verlags wiedergegeben werden.

## BILDNACHWEIS

Arnet: S. 63, 155; Arrigoni: S. 27; Behrendt: S. 153; Belschner: S. 161; Bräuer: S. 107; Breiert: S. 139; Buchstaller: S. 45, 53; Cremer: S. 111, 185; Dammann: S. 41; Del Principe: S. 77, 99; Dietrich: S. 173, 187; Eisert: S. 47; Franik: S. 29, 175; Frener: S. 169; Friedrich I./Stephan: S. 117; Friedrich N.: S. 89, 151; Furrer: S. 83; Gehringer: S. 17, 127; Geißler: S. 9; Glatz J.: S. 79; Glatz M.: S. 159; Halabi: S. 177; Haselsteiner: S. 129; Hegendorf: S. 13, 147; Hiekmann: S. 21, 163; Hoefer: S. 23; Hoffmann: S. 143; Horn/Mayer: S. 171; Karlin: S. 123; Klose: S. 137; Köhlnberger: S. 183; König/Wenzl: S. 39; Leder: S. 85, 95; Madani/Salzwedel: S. 105; Mädler: S. 61, 113; Mönchmeier: S. 179; Nadwornicek: S. 25; Nawior: S. 119; Nörenberg: S. 59, 109; Pluppins: S. 65; Pritschet: S. 71, 189; Punte: S. 19, 149; Reimann, Florian: S. 198; Rentrop: S. 55; Renziehausen: S. 97; Rheingans: S. 141; Röpfl: S. 121; Schatz: S. 73; Schimetzky: S. 15; Schmelzeisen: S. 31; Schult: S. 35; Schwarz: S. 181; Seitz: S. 157; Sinzinger: S. 145; Stöttinger: S. 115; Stoiber: S. 43, 101; Strothe: S. 167; Stukenborg: S. 81; Thor: S. 49, 91; Titz: S. 125; Tonner: S. 51, 57; Ulrich: S. 135; Wiehe: S. 69, 87; Wolf: S. 11, 33; Wohlleben: S. 93, 131; StockFood: Addictive Stock: S. 7, 165; Anna Ivanova: S. 103; Flora Emmer: S. 133; PhotoCuisine: S. 37; Visnja Sesum: S. 67

## LIEBE LESER*INNEN

wie schön, dass Sie ein Buch von ZS in den Händen halten. „jetzt leben!" ist das Motto unseres Verlages. Es steht für Genuss und Inspiration, Unterstützung und Motivation. Ob Kulinarik oder Fitness, Gesundheit oder Lebenshilfe — seit über 30 Jahren bieten wir kompetente Ratgeber für (fast) alle Lebenslagen. Wir lieben Tradition genauso wie Innovation — sie treiben uns an. Unsere Autor*innen sind Menschen, die zu ihrem Thema wirklich etwas zu sagen und zu schreiben haben. Unsere Produkte sind erzählerisch, appetitmachend und als gedruckte Bücher haptisch echte Erlebnisse. Für Sie mit ganz viel Liebe gemacht! Entdecken Sie mehr aus unserer wunderbaren Welt!

## UNSER VERLAGSHAUS

Mit Standorten in München, Hamburg und Berlin zählt die Edel Verlagsgruppe zu den größten unabhängigen Buchanbietern Deutschlands. Zur Edel Verlagsgruppe gehört unter anderem ZS mit seinen Lizenzmarken Dr. Oetker, Kochen & Genießen und Phaidon by ZS.

ZS – Ein Verlag der Edel Verlagsgruppe
www.zsverlag.de
www.facebook.com/zsverlag
www.instagram.com/zsverlag

## FÜR DIE UMWELT

ZS unterstützt bei der Produktion dieses Buches das Projekt „Junge Riesen für die nächsten 100 Jahre" im Naturpark Nossentiner/Schwinzer Heide. Damit wird ein Anteil der unvermeidbaren $CO_2$-Emissionen im direkten Umfeld des Produktionsstandortes kompensiert.

PARTNER Naturpark Nossentiner/Schwinzer Heide
www.optimal-media.com/naturschutzprojekt-001

## NEWSLETTER

Ab sofort keine kulinarischen Trends mehr verpassen und gleichzeitig einen Kochkurs mit einem Spitzenkoch von ZS gewinnen?

Melden Sie sich jetzt beim ZS Newsletter an und bleiben über neue Bücher, Themenschwerpunkte und News immer informiert.

Jetzt anmelden unter:
**www.zsverlag.de/newsletter**

ANMELDEN!

GEWINNEN

Unter allen Neuabonnierenden verlosen wir jeden Monat *10 neue Bücher* und jährlich einen *Kochkurs* mit einem Spitzenkoch von ZS.

# Kulinarischer Lesegenuss par excellence!

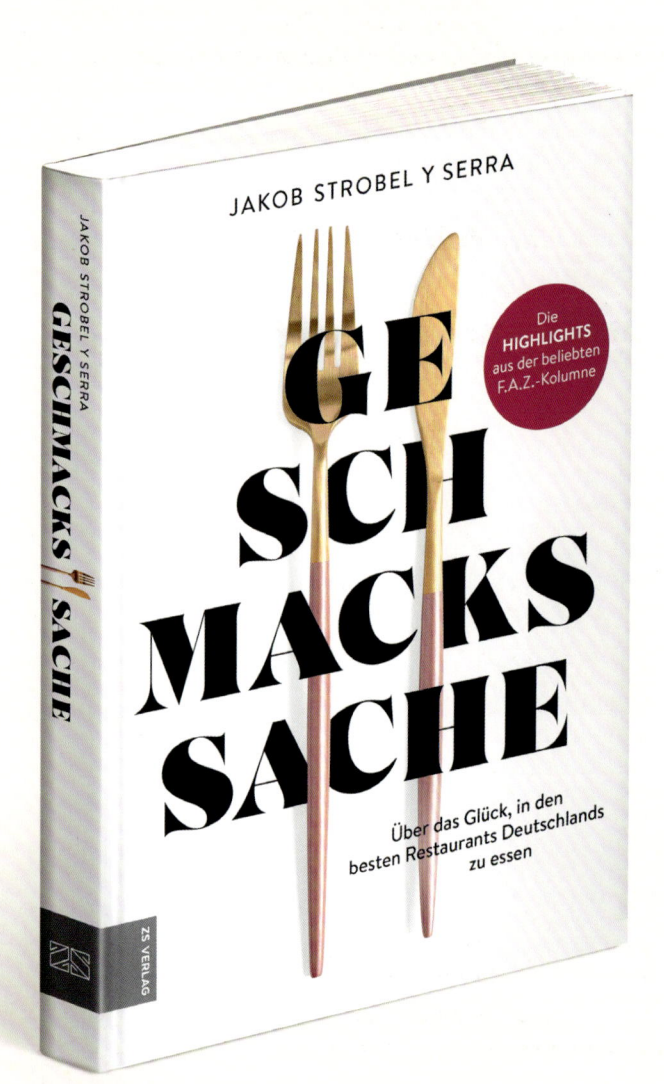

**Jakob Strobel y Serra**
**Geschmackssache**

24,99 € [D]
ISBN 978-3-96584-023-2

## Gleich weiterlesen!

Jetzt überall, wo es gute Bücher gibt.

# Schluss mit der langen Rezeptsuche!

Sie suchen ein Rezept aus einem Ihrer vielen Kochbücher, wissen aber nicht mehr, in welchem Buch es steht? Kein Problem — die Rezept Scout-App verrät ganz schnell, welches Rezept wo zu finden ist.

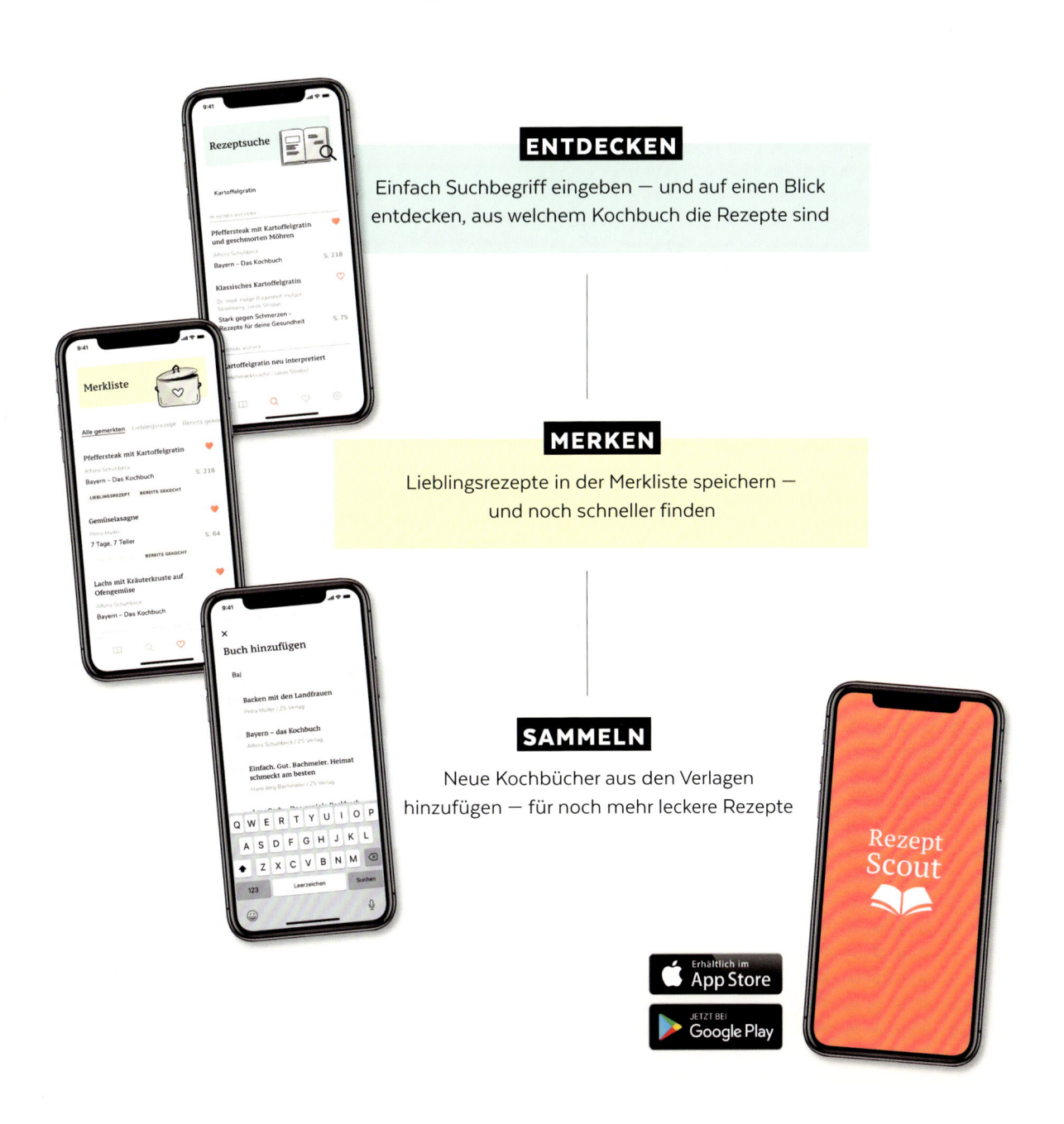

## ENTDECKEN

Einfach Suchbegriff eingeben — und auf einen Blick entdecken, aus welchem Kochbuch die Rezepte sind

## MERKEN

Lieblingsrezepte in der Merkliste speichern — und noch schneller finden

## SAMMELN

Neue Kochbücher aus den Verlagen hinzufügen — für noch mehr leckere Rezepte